Das Levitengesetz im Buch Deuteronomium

Attila Bodor

Das Levitengesetz im Buch Deuteronomium

Eine textpragmatische Analyse von Dtn 18,1–8

PETER LANG
Berlin · Bruxelles · Chennai · Lausanne · New York · Oxford

Bibliografische Information der Deutschen Nationalbibliothek
Die Deutsche Nationalbibliothek verzeichnet diese Publikation in der Deutschen Nationalbibliografie; detaillierte bibliografische Daten sind im Internet über http://dnb.d-nb.de abrufbar.

ISBN 978-3-631-93060-1 (Print)
E-ISBN 978-3-631-93061-8 (E-PDF)
E-ISBN 978-3-631-93062-5 (EPUB)
DOI 10.3726/b22576

© 2025 Peter Lang Group AG, Lausanne, Schweiz
Verlegt durch: Peter Lang GmbH, Berlin, Deutschland
info@peterlang.com

Alle Rechte vorbehalten.

Das Werk einschließlich aller seiner Teile ist urheberrechtlich geschützt. Jede Verwertung außerhalb der engen Grenzen des Urheberrechtsgesetzes ist ohne Zustimmung des Verlages unzulässig und strafbar. Das gilt insbesondere für Vervielfältigungen, Übersetzungen, Mikroverfilmungen und die Einspeicherung und Verarbeitung in elektronischen Systemen.

Diese Publikation wurde begutachtet.

www.peterlang.com

Vorwort

Die vorliegende Studie geht auf meine Lizentiatsarbeit zurück, die im Februar 2016 am Päpstlichen Bibelinstitut in Rom angenommen und für diese Veröffentlichung überarbeitet wurde. Mein erster Dank gilt meinem Betreuer, Prof. Dr. Dominik Markl SJ: Er hat nicht nur die Entstehung dieser Arbeit mit großer Aufmerksamkeit und vielen konstruktiven Anregungen begleitet, sondern auch mein Interesse an der Pentateuchforschung geweckt und mich seither in meiner weiteren wissenschaftlichen Arbeit immer wieder unterstützt und gefördert.

Die Veröffentlichung dieser Arbeit wäre nicht möglich gewesen ohne das großzügige Postdoktorandenstipendium der Alexander von Humboldt-Stiftung, das mir einen zweijährigen Forschungsaufenthalt an der Georg-August-Universität Göttingen ermöglichte. Dieser Forschungsaufenthalt, für den ich auch meinem Gastgeber, Prof. Dr. Reinhard Müller, herzlich danke, bot mir die günstige Gelegenheit, meine Lizentiatsarbeit zu Dtn 18,1–8 für die Publikation zu überarbeiten. Prof. em. Dr. Georg Braulik OSB danke ich für die Erstellung des Gutachtens für den Peter Lang Verlag und für seine kritischen Anmerkungen, die die Qualität der Arbeit wesentlich verbessert haben.

Mein Dank gilt auch meinen Kolleginnen und Kollegen an der Georg-August-Universität Göttingen und der Babeș-Bolyai-Universität Cluj-Napoca/Alba Iulia für ihre vielfältige Unterstützung. Ein herzlicher Dank sei auch meiner Familie und meinen Freunden ausgesprochen, die mir stets zur Seite stehen.

Ein besonderer Dank gebührt schließlich Prof. Dr. Helmut Engel SJ, dem ehemaligen Studienpräfekten des Collegium Germanicum et Hungaricum, der am 31. August 2020 verstorben ist. Er hat 2016 das Korrekturlesen dieser Arbeit übernommen und nicht nur mein Deutsch verbessert, sondern auch zu meiner fachlichen Weiterentwicklung beigetragen. Ich widme diese Studie seinem Andenken.

Göttingen, im August 2023　　　　　　　　　　　　　　　　Attila Bodor

Inhaltsverzeichnis

Vorwort 5

Inhaltsverzeichnis 7

Abkürzungen 11

I Einleitung
1 Zum Forschungsstand 15
   1.1 Die Levitentexte im Fokus des historischen Interesses 15
   1.2 Synchrone Betrachtung des Rechtskorpus im
       Deuteronomium 19
2 Textpragmatische Exegese 21
3 Zum Vorgehen dieser Studie 24

II Synchrone Lektüre – Empirische Textdurchgänge
1 Der Text von Dtn 18,1–8 27
   1.1 Textzeugnisse vom Toten Meer 28
   1.2 Samaritanischer Pentateuch (Smr) 28
   1.3 Antike Übersetzungen 29
       1.3.1 Septuaginta (LXX) 29
       1.3.2 Targumim: Targum Onqelos (Tg^O), Targum
             Neophiti (Tg^N) und Targum Pseudo-Jonathan (Tg^{PJ}) 31
       1.3.3 Peschitta (Syr) 33
       1.3.4 Vulgata (Vg) 33

INHALTSVERZEICHNIS

2 Die Sprache des Textes ... 34
  2.1 Übersetzung ... 34
  2.2 Lexikalische Anmerkungen ... 35
  2.3 Grammatikalische Anmerkungen ... 37
3 Der Text in seinem Kontext ... 40
  3.1 Abgrenzung der Texteinheit ... 40
  3.2 Vergleich des Textes mit seinem Kontext ... 40
    3.2.1 Prä-Kontext ... 41
    3.2.2 Post-Kontext ... 42
    3.2.3 Unterschiede ... 42
4 Beschreibung der Textoberfläche und der Texttiefenstruktur ... 44
  4.1 Beschreibung der Textoberfläche: Formale Struktur des Textes ... 44
    4.1.1 Syntaktischer Aufbau der Texteinheit: Anordnung der Verbformen ... 44
    4.1.2 Formkritische Überlegungen ... 47
    4.1.3 Formale Gesamtstruktur ... 49
  4.2 Beschreibung der Texttiefenstruktur: Dynamik des Textes ... 52
    4.2.1 Vv. 1–2 ... 52
    4.2.2 Vv. 3–5 ... 55
    4.2.3 Vv. 6–8 ... 56
5 Auslegung des Textes: Textinhalt ... 58
  5.1 Vv. 1–2 ... 58
  5.2 Vv. 3–5 ... 62
  5.3 Vv. 6–8 ... 66

III Textpragmatische Analyse
1 Der Sender und die Adressaten ... 73
  1.1 Der Sender ... 73
  1.2 Die Adressaten ... 74
  1.3 Subjektwechsel: Die Levitischen Priester – der Stamm Levi, der Priester und der Levit ... 77
2 Zusammenschau der Einzelprofile der Textkommunikation ... 80
  2.1 Pragmatik der Sprache ... 80
  2.2 Pragmatik der Textoberfläche und der Texttiefenstruktur ... 82
  2.3 Pragmatik des Textinhaltes ... 84

3 Metapragpragmatische Signale im weiteren Kontext ... 86
   3.1 Dtn 18,1–8 als Gesetze und Rechtsentscheide ... 86
   3.2 Dtn 18,1–8 als Tora ... 89
   3.3 Dtn 18,1–8 als Bundesschlussbedingung ... 91
4 Die Beziehung der levitischen Priester zum dtn Gesetz ... 93
   4.1 Dtn 10,8–9 ... 93
   4.2 Dtn 17,18 ... 96
   4.3 Dtn 31,9f ... 97
   4.4 Dtn 33,9b-10 ... 99

IV Konklusion
1 Pragmatik der Gesetzestexte ... 102
2 Von der textinternen zur textexternen Pragmatik ... 103
   2.1 Textintern ... 103
   2.2 Textextern ... 104

Literaturverzeichnis ... 107

Abkürzungen

Die Abkürzungen biblischer Bücher und die Schreibweise biblischer Eigennamen folgen den Loccumer Richtlinien (DEUTSCHE BIBELGESELLSCHAFT – KATHOLISCHES BIBELWERK [Hrsg.], *Ökumenisches Verzeichnis der biblischen Eigennamen nach den Loccumer Richtlinien* [Stuttgart ²1981]).

Quellenschriften und Textausgaben der Bibel:

BHQ	*Biblia Hebraica Quinta* (Hrsg. A. SCHENKER u. a. [Stuttgart 2004–])
BHS	*Biblia Hebraica Stuttgartensia* (Hrsg. K. ELLIGER – W. RUDOLPH [Stuttgart 1983])
LXX	Septuaginta
MT	Masoretischer Text
Syr	Syrische Übersetzung des AT – Peschitta
Tg^N	Targum Neophiti
Tg^O	Targum Onqelos
Tg^{PsJ}	Targum Pseudo-Jonathan
Vg	Vulgata

Abkürzungen richten sich nach S. M. SCHWERTNER, *Internationales Abkürzungsverzeichnisses für Theologie und Grenzgebiete: Zeitschriften, Serien, Lexika, Quellenwerke mit bibliographischen Angaben* (Berlin – Boston ³2014).

ABKÜRZUNGEN

Außerdem werden gebraucht:

dtn	deuteronomisch
dtr	deuteronomistisch
GESENIUS	W. GESENIUS, *Hebräisches und Aramäisches Handwörterbuch über das Alte Testament* (Berlin – Heidelberg ^{18}2007).
GK	W. GESENIUS – E. KAUTZSCH, *Hebräische Grammatik* (Leipzig ^{28}1909).
HALAT	L. KOEHLER – W. BAUMGARTNER, *Hebräisches und Aramäisches Lexikon zum Alten Testament* (Leiden ^{3}1967–1996).
JM	P. JOÜON – T. MURAOKA, *A Grammar of Biblical Hebrew* (SubBi 27; Roma ^{2}2009).
Lambdin	T. O. LAMBDIN, *Introduction to Biblical Hebrew* (London 1973).
WO	WALTKE – M. O'CONNOR, *An Introduction to Biblical Hebrew Syntax* (Winona Lake 1990).

I Einleitung

Dass die Leviten bzw. die levitischen Priester im Buch Deuteronomium eine tragende Rolle haben, drängt sich auf den ersten Blick auf: Sie betreten die Bühne des Buches in 10,8 und sind dann sowohl im Rechtskorpus (Dtn 12–26)[1] als auch in den folgenden Kapiteln (Dtn 27–34) präsent: s. 12,12.18–19; 14,27–29; 16,11.14; 17,8–11.18–20; 18,1–8; 21,5.8; 26,10–13; 27,9–10.14; 31,9–13.24–26; 33,8–11. Doch nicht nur die häufigen Erwähnungen legen die Wichtigkeit der Leviten in Deuteronomium nahe. Das Buch vertritt eine andere Perspektive als die Priesterschrift und die Chronikbücher, nach denen die Leviten als *clerus minor* niedere Dienste am Heiligtum verrichten, während das Priestertum exklusiv den Aaroniden zukommt. Im Deuteronomium hingegen werden priesterliche Funktionen für alle Angehörigen des Stammes Levi beansprucht, und die Leviten spielen sogar eine zentrale Rolle bei der Überlieferung der mosaischen Tora.

Für die Forschung ergibt sich also die Aufgabe, Status und Funktion der sogenannten Levitentexte im Deuteronomium zu bestimmen. Erschwert wird diese Aufgabe allerdings durch den literarischen Beziehungsreichtum des

---

[1] Ob Dtn 26 zum sogenannten Gesetzeskorpus gehört, ist Gegenstand der exegetischen Diskussion. Zu früheren Versuchen, Dtn 26 gemeinsam mit Dtn 12–25 zu gliedern vgl. G. SEITZ, *Redaktionsgeschichtliche Studien zum Deuteronomium* (BWANT 93; Stuttgart 1971) 92f. G. BRAULIK, "Das Buch Deuteronomium", *Einleitung in das Alte Testament* (Hrsg. E. ZENGER u. a.) (KStTh 1/1) Stuttgart ⁹2016, 157, hebt Dtn 26 innerhalb von Dtn 12–26 als "Liturgischen Anhang" ab. D. MARKL, *Gottes Volk im Deuteronomium* (BZAR 18; Wiesbaden 2012) 32–35, vertritt die These, dass die Hauptfunktion von Dtn 26 wie auch jene von Dtn 6–11 metapragmatisch ist und das Gesetzeskorpus rahmend abschließt.

EINLEITUNG

Themas in der Hebräischen Bibel und die sich ständig vertiefende Einsicht in die Vielschichtigkeit des Deuteronomiums.[2] Einerseits ergibt sich also innerhalb desselben Buches eine große Zahl von Texten, die ein komplexes, aber zugleich ziemlich kohärentes Profil von den Leviten liefern; andererseits weist die diachrone Analyse auf schwerwiegende Unterschiede bezüglich der Levitentexte hin.

Die vorliegende Arbeit beschränkt sich auf die Untersuchung des längsten und komplexesten Levitentextes im Buch Deuteronomium, Dtn 18,1–8. Diese Perikope, die auch als Priester- oder Levitengesetz bezeichnet wird,[3] soll einer synchronen Analyse unterzogen werden, wobei zu fragen ist, wie sich die Rechtsbestimmungen in der Endgestalt von Dtn 18,1–8 entfalten und in welchem Verhältnis sie zu anderen Levitentexten im Deuteronomium stehen.[4] Diese Untersuchung wird unter die Überschrift "Textpragmatik" gestellt, die auf das Verfahren und die Fragestellung dieser Studie hinweist. Denn Ziel der Untersuchung ist es, die "pragmatischen" Überlegungen hinter Dtn 18,1–8 besser zu verstehen bzw. zu rekonstruieren, welche Wirkung die Autoren/ Redaktoren mit diesem Gesetz im Buch Deuteronomium erzielen wollten.[5]

Die Arbeit konzentriert sich zwar auf die Endgestalt des Textes und legt den Schwerpunkt auf die textpragmatische Analyse von Dtn 18,1–8, stellt aber die Überarbeitung des Textes durch spätere Redaktoren nicht in Frage. Es geht also nicht darum, die gut begründeten Ergebnisse der diachronen Untersuchungen zu widerlegen und ungeachtet aller Inkonsistenzen des analysierten Textes für eine homogene Texteinheit zu plädieren. Vielmehr

---

[2] Vgl. z. B. E. OTTO, *Deuteronomium 1,1–4,43;* (HThK.AT; Freiburg im Breisgau 2012) 231–257; DERS., *Deuteronomium 12,1–23,15* (HThK.AT; Freiburg im Breisgau 2016) 1489–1493; H. SAMUEL, *Von Priestern zum Patriarchen. Levi und die Leviten im Alten Testament* (BZAW 448; Berlin – Boston 2014), bes. 16–147.

[3] Viele Exegeten bezeichnen Dtn 18,1–8 als "Priestergesetz", da diese Passage den redaktionskritischen Überlegungen zufolge als von Priestertarifen handelnde Rechtsvorschrift analysiert wird. Da diese Bezeichnung schon eine Interpretation beinhaltet, zieht die vorliegende Studie die Bezeichnung von Dtn 18,1–8 als "Levitengesetz" vor, denn die gesamte Perikope setzt sich hauptsächlich mit den Rechten und Pflichten der levitischen Priester auseinander.

[4] Zur Berechtigung der Auslegung des Endtextes und zur neueren Diskussion zur Endgestaltanalyse des Deuteronomiums vgl. MARKL, *Gottes Volk im Deuteronomium*, 1–16.

[5] Da die levitischen Priester bei der schriftlichen Fixierung und Promulgation der dtn Tora eine wichtige Rolle spielen (vgl. z. B. Dtn 31), hat das Levitengesetz zusammen mit den anderen Levitentexten im Deuteronomium eine besondere textpragpragmatische Funktion, die in der Arbeit aufgezeigt werden soll.

handelt es sich bei der vorliegenden Untersuchung in Anlehnung an Eckart Otto um ein "Teilprojekt der Redaktionsgeschichte des Deuteronomiums im Horizont des Pentateuch",[6] das nicht nur die Pragmatik des Levitengesetzes im Buch Deuteronomium näher beleuchtet, sondern auch zum besseren Verständnis der Literargeschichte der Perikope beitragen kann.

1 Zum Forschungsstand

1.1 Die Levitentexte im Fokus des historischen Interesses

Die bisherigen Arbeiten haben sich vor allem aus historischem Interesse mit den Levitentexten im Deuteronomium auseinandergesetzt und die synchrone Betrachtung von vornherein zugunsten der Untersuchung ihrer Entstehungsgeschichte ausgeblendet. Dieses historische Interesse hat sich in zwei Richtungen entwickelt.

(a) Die Frage nach der sogenannten "Institution" oder "sozialen Schicht" der Leviten untersucht das Thema zuallererst im Zusammenhang mit Dtn 16,18–18,22, dem umfassenden "Verfassungsentwurf" zu den wichtigsten "Ämtern" des Alten Israel (Richter, König, Priester und Propheten).[7] Diese literarhistorischen Studien versuchen oft, den

---

[6] E. OTTO, *Gottes Recht als Menschenrecht. Rechts- und literaturhistorische Studien zum Deuteronomium* (BZAR 2; Wiesbaden 2002) 91.

[7] Hierzu U. RÜTERSWÖRDEN, *Von der politischen Gemeinschaft zur Gemeinde. Studien zu Dtn 16,18–18,22* (BBB 65; Frankfurt am Main 1987) 67–75; DERS., "Der *Verfassungsentwurf* des Deuteronomiums in der neueren Diskussion. Ein Überblick", *Altes Testament – Forschung und Wirkung. Festschrift für Henning Graf Reventlow* (Hrsg. P. MOMMER – W. THIEL) (Frankfurt am Main 1994) 313–328; G. KRINETZKI, *Rechtsprechung und Amt im Deuteronomium. Zur Exegese der Gesetze Dtn 16,18–20; 17,8–18,22* (Frankfurt am Main 1994); E. OTTO, "Von der Gerichtsordnung zum Verfassungsentwurf. Deuteronomische Gestaltung und Interpretation im 'Ämtergesetz' Dtn 16,18–18–22", *"Wer ist wie du, Herr, unter den Göttern?" Studien zur Theologie und Religionsgeschichte Israels. Für Otto Kaiser zum 70. Geburtstag* (Hrsg. I. KOTTSIEPER u. a) (Göttingen 1994) 142–155; L. L. GRABBE, *Priests, Prophets, Diviners, Sages. A Socio-Historical Study of Religious Specialists in Ancient Israel* (Valley Forge 1995) 212f; C. SCHÄFER-LICHTENBERGER, "Der deuteronomische Verfassungsentwurf", *Bundesdokument und Gesetz. Studien zum Deuteronomium* (Hrsg. G. BRAULIK) (Freiburg 1995) 105–118; N. LOHFINK, "Die Sicherung des Gotteswortes durch das Prinzip der Schriftlichkeit der Tora und durch das Prinzip der Gewaltenteilung nach den Ämtergesetzen des Buches Deuteronomium", DERS., *Studien zum Deuteronomium und zur deuteronomischen Literatur I* (SBAB 8; Stuttgart 1989) 305–323.

alttestamentlichen Befund durch Begrifflichkeiten oder Analogien der antiken Umwelt oder der Neuzeit zu erläutern.[8] Andere sozialhistorische Beiträge verbinden den Ursprung des Deuteronomiums mit den levitischen Kreisen des Nordreiches Israel oder,[9] wie Gerhard von Rad wollte, speziell mit ihrer Predigtpraxis.[10] Die Herkunft des Deuteronomiums aus der Predigttätigkeit von Landleviten ist forschungsgeschichtlich zwar überholt,[11] weiterführende, die Theorie von Rads über die levitische Autorschaft des Deuteronomiums verbessernde Studien blieben aber nicht aus.[12] Gemeinsam ist aber fast all diesen institutionsgeschichtlich-sozialhistorischen Arbeiten, dass sie sich gleichzeitig auch mit literarkritischen Fragestellungen beschäftigen.[13]

---

[8] RÜTERSWÖRDEN, *Von der politischen Gemeinschaft zur Gemeinde*, 94–105, erhellt die Institutionen von Dtn 16,18–18,22 durch das Stadtverständnis der griechischen "Polis". R. SMEND, "Der Ort des Staates im Alten Testament", *ZThK* 80 (1983) 245–261, und L. PERLITT, "Der Staatsgedanke im Deuteronomium", *Language, Theology and the Bible. Essays in Honour of James Barr* (Hrsg. S. E. BALENTINE – J. BARTON) 182–198, erläutern die sogenannten "Ämtergesetze" anhand des modernen Staatsbegriffes.

[9] Unter den Exegeten war der erste Vertreter der levitischen Autorschaft des Deuteronomiums A. BENTZEN, *Die josijanische Reform und ihre Voraussetzungen* (Kopenhagen 1926), 58–107. Der Gedanke der levitischen Herkunft des Deuteronomiums findet sich aber auch in jüngeren Kommentaren; vgl. z. B. A. D. H. MAYES, *Deuteronomy. Based on the Revised Standard Version* (NCBC; Grand Rapids 1981) 103–108; E. NIELSEN, *Deuteronomium* (HAT 1/6; Tübingen 1995) 8.

[10] Die levitische Herkunft des Deuteronomiums wurde erst 1947 prominent durch G. VON RAD, *Deuteronomium-Studien* (FRLANT 40; Göttingen 1947, ²1948) 41–49. Vgl. auch DERS., *Das fünfte Buch Mose. Deuteronomium* (ATD 8; Göttingen 1964) 16–21.

[11] Zur Kritik an dieser Forschungsposition vgl. M. WEINFELD, *Deuteronomy and the Deuteronomic School* (Oxford 1972) 54–58; L. J. HOPPE, "The Levitical Origins of Deuteronomy Reconsidered", *BR* 28 (1983) 27–36; H. CAZELLES, "Les milieux du Deutéronome", *Of Prophets' Visions and the Wisdom of Sages. Essays in Honour of R. Norman Whybray on His Seventieth Birthday* (Hrsg. H. A. MCKAY – D. J. A. CLINES) (JSOTSup 167; Sheffield 1993) 288–306; M. Z. BRETTLER, "A 'Literary Sermon' in Deuteronomy 4", *A Wise and Discerning Mind. Essays in Honor of Burke O. Long* (Hrsg. S. M. OLYAN – R. C. CULLEY) (BJSt 325; Providence, Rhode Island 2000) 33–55; B. M. LEVINSON, "Reading the Bible in Nazi Germany: Gerhard von Rad's Attempt to Reclaim the Old Testament for the Church", *Interpretation* 62 (2008) 238–254.

[12] Z. B. E. OTTO, *Gottes Recht als Menschenrecht*, 57–75, hält das Deuteronomium für "Dokument zadokidischer Schriftgelehrsamkeit".

[13] Vgl. z. B. das exegetische Verfahren von RÜTERSWÖRDEN, *Von der politischen Gemeinschaft zur Gemeinde*, der seine sozialhistorischen Ergebnisse der literarkritischen Analyse von Dtn 16,18–18,22 folgend aufzeigt.

(b) Die Mehrheit der die dtn Levitentexte analysierenden Studien konzentriert sich aber auf die literarkritischen bzw. redaktionsgeschichtlichen Probleme. Die literarkritische Diskussion hierzu ist sehr umfangreich und legt dementsprechend eine Anzahl verschiedener, voneinander abweichender Hypothesen vor. Da die vorliegende Studie die Levitentexte nicht in literarkritischer Perspektive untersucht, ist eine umfassende Darstellung dieser Auseinandersetzungen nicht nötig.[14] Es genügt hier, die wichtigsten Beobachtungen zu skizzieren.

Zunächst ist die detaillierte Untersuchung über Leviten und Priester im Deuteronomium von Ulrich Dahmen zu erwähnen.[15] Sie bringt vor allem deutlich zum Ausdruck, dass zwischen den älteren Schichten des Gesetzes und dessen jüngeren, redaktionellen Bearbeitungen charakteristische Unterschiede hinsichtlich der Rede von Leviten bestehen. Die "dtn Grundschicht", so Dahmen, kenne die Leviten nur als *personae miserae*, während die Priester am Zentralheiligtum amtieren (z. B. Dtn 18,3). Eine "spätdtr Redaktion" führe dann die Levitisierung der Priesterschaft ein (z. B. Dtn 18,1*), wo schon von "levitischen Priestern" oder "Priestern der Söhne Levis" die Rede ist. Darüber liege eine "späte, pro-levitische Bearbeitung" (z. B. Dtn 18,1.2.5.6–8), für die der "Stamm Levi" schon beide Priesterklassen umfasse. Diese letzte pro-levitische Redaktion im Deuteronomium greife, so der Verfasser, alle Aspekte priesterlicher Existenz und Funktionen der frühen Redaktionen auf und reklamiert sie für den ganzen Stamm Levi, wogegen sich dann eine "priesterliche Redaktion" (Dtn 10,6f; 21,11–13)

---

[14] Vgl. hierzu P. ALTMANN, "What Do the 'Levites in Your Gates' Have to Do with the 'Levitical Priests'? An Attempt at European-North American Dialogue on the Levites in the Deuteronomic Law Corpus", *Levites and Priests in Biblical History and Tradition* (Hrsg. M. A. LEUCHTER – J. M. HUTTON) (SBLAIL 9; Atlanta 2011) 135–154. Im ersten Teil des Artikels (137–145) werden die voneinander abweichenden Gesichtspunkte der "nordamerikanischen" (anhand R. KUGLER, "Levi, Levites", *NIDB* III, 642–643; DERS., "Priests and Levites", *NIDB* IV, 593–613) und "europäischen" (anhand R. ACHENBACH, "Levi/Leviten", *RGG*[4] V, 293–295) Forschung knapp präsentiert. Zur Forschungsgeschichte von Dtn 16,18–18,22 vgl. auch OTTO, *Deuteronomium 12,1–23,15*, 1439–1447.

[15] U. DAHMEN, *Leviten und Priester im Deuteronomium. Literarkritische und redaktionsgeschichtliche Studien* (BBB 110; Weinheim 1996).

EINLEITUNG

gewandt habe.¹⁶ Diese Ergebnisse der Untersuchung Dahmens sind für die vorliegende Arbeit nur insofern wichtig, als er innerhalb der untersuchten Passage (Dtn 18,1–8) mindestens drei Redaktionsschichten identifiziert – V. 3 + V. 1* (ohne כָּל־שֵׁבֶט לֵוִי und וְנַחֲלָתוֹ) + Vv. 1.2.5.6–8 –, deren Verbindung diese Studie aus synchroner Sicht berücksichtigen bzw. überprüfen soll.

An die Monographie von Dahmen schließt sich die kurze Studie von Reinhard Achenbach an, die die von Dahmen aufgezeigte "dtn Levitisierung des Priestertum" im weiteren Horizont des AT (Ez 44,9–16, Esra und Nehemia) überprüft.¹⁷ Zwar hat auch Achenbach an den Levitentexten ausschließlich literarkritisches Interesse, seine Studie ist aber für die vorliegende Arbeit aus methodologischer Sicht relevant. Achenbach schenkt anders als Dahmen den inneren Beziehungen zwischen den Levitentexten größere Aufmerksamkeit.

Erwähnenswert ist auch die Rezension von Eckart Otto zu Dahmens Monographie.¹⁸ Otto stimmt nicht ganz mit dem Ergebnis Dahmens überein und schlägt alternative Positionen vor.¹⁹ Für die vorliegende Untersuchung sind zwei seiner methodologischen Bemerkungen zu befolgen: Zum einen beanstandet Otto das Analyseverfahren von Dahmen, denn "eine synchrone Interpretation der Levitentexte im Rahmen des Ganzen des Deuteronomium wird von vornherein zugunsten des Weges in die Literarkritik ausgeblendet";²⁰ zum anderen nimmt er Anstoß daran, dass Dahmen in der Zusammenordnung der zu analysierenden Texte "außen bei den späten Rahmentexten des Deuteronomium" ansetzt, "um sich von dort zum Gesetzeskorpus des

---

[16] Zu der detaillierten Darstellung der vermuteten Redaktionsschichten vgl. DAHMEN, *Leviten und Priester im Deuteronomium*, 388–408.

[17] R. ACHENBACH, "Levitische Priester und Leviten im Deuteronomium. Überlegungen zur sog. 'Levitisierung' des Priestertums", *ZAR* 5 (1999) 285–309.

[18] E. OTTO, "Die post-deuteronomische Levitisierung des Deuteronomiums. Zu einem Buch von Ulrich Dahmen", *ZAR* 5 (1999) 277–284.

[19] Z. B. laut OTTO, "Die post-deuteronomische Levitisierung des Deuteronomiums", 284, sei "die Differenzierung zwischen der spät-dtr Levitisierung der Priesterschaft und der pro-levitischen Redaktion der Spätzeit" unnötig, denn "in beiden Fällen werden die priesterlichen Funktionen für die levitischen Priester reklamiert".

[20] OTTO, "Die post-deuteronomische Levitisierung des Deuteronomiums", 278, erläutert das Defizit dieses Verfahrens folgendermaßen: "Anstatt sie [*sc.* die analysierten Einzeltexte] zunächst formanalytisch auf ihre Kohärenz hin zu befragen, wird die literarische Uneinheitlichkeit stets vorausgesetzt".

In diesem Zusammenhang erschien "die erste Monographie zur Rechtshermeneutik des synchron gelesenen Pentateuch" von D. Markl,[31] die die Dekaloge in Ex 20 und Dtn 5 in ihrem narrativen Zusammenhang untersucht, um ihre Funktion im Gesamtkontext des Pentateuch zu verorten.[32] Die Zahl der Studien, die das Verhältnis der Rechtstexte des Pentateuch zu den Erzähltexten untersuchen, hat sich inzwischen vervielfacht und viele weitere Fragen aufgeworfen,[33] die nicht nur das synchrone Verständnis des Rechtskorpus bereichern, sondern auch konstruktiv zur Erforschung der Entstehungsgeschichte von Pentateuch beitragen.[34]

Diesen Studien ist gemeinsam, dass sie vor allem den Sinn des Endtextes in seinem jeweiligen Kontext hervorzuheben versuchen. Diese Hauptfragestellung kennt aber eine Anzahl verschiedener Analyseverfahren. Während manche Exegeten sich mit der Rechtsentwicklung innerhalb des Pentateuchs, d. h. dem Zusammenhang des dtn Rechtskorpus mit anderen Rechtskorpora beschäftigen, betrachten andere die Rechtstexte hinsichtlich ihrer Beziehung zu den narrativen Texten und in Bezug auf ihre rechtshermeneutischen bzw. rechtspragmatische Funktion.

2 Textpragmatische Exegese

Während eine Reihe von Beiträgen sowohl zu den Levitentexten einschließlich Dtn 18,1–8 als auch allgemein zur synchronen Interpretation des dtn Rechtskorpus erschienen, wurde die pragmatische Funktion

---

[31] E. Otto, "Die Dekaloge in der Rechtshermeneutik der Tora. Zu einem Buch von Dominik Markl SJ", *ZAR* 13 (2007) 283.
[32] Markl, *Der Dekalog als Verfassung des Gottesvolkes*.
[33] Zum jüngsten Forschungsstand vgl. A. Bartor, *Reading Law as Narrative. A Study in the Casuistic Laws of Pentateuch* (SBLAIL 5; Atlanta 2010); K.-P. Adam – F. Avemarie – N. Wazana (Hrsg.), *Law and Narrative in the Bible and in Neighbouring Ancient Cultures* (FAT.2 54; Tübingen 2012); E. Otto, "Recht in der Erzählung und Erzählung im Recht. Neue Forschungen zu 'Recht und Erzählung/Law and Narrative' in altorientalischer und biblischer Literatur", *ZAR* 18 (2012) 355–364.
[34] Hierzu vgl. die große Anzahl der Studien von E. Otto, *Altorientalische und biblische Rechtsgeschichte. Gesammelte Studien* (BZAR 8; 2008), bes. 1–55; 464–485; 547–563; Ders., *Die Tora. Studien zum Pentateuch. Gesammelte Aufsätze* (BZAR 9; 2009), bes. 46–106; 229–247; 272–283; 490–514.

des dtn Rechtskorpus nur indirekt berührt.[35] Zu diesem Bereich der Deuteronomiumforschung will also die vorliegende Arbeit beitragen, indem sie in synchroner Betrachtungsweise die pragmatische Funktion von Dtn 18,1–8 darlegt.

Zunächst scheint es aber notwendig, umrissartig darzustellen, was hier als "pragmatische Funktion" eines Textes verstanden wird. Die Grundlagen dieser Analyse greifen auf die Textlinguistik zurück, die Texte als intentionale kommunikative Handlungen bzw. als Prozess des sprachlichen Handelns beschreibt. Um das Funktionieren der Texte linguistisch zu beschreiben, bedient sich die in den siebziger Jahren entwickelte Texttheorie der Beobachtungen an kommunikativen Handlungsspielen.[36] Der hermeneutische Ausgangspunkt dieser Theorie ist die Erkenntnis, dass "jede linguistische Theorienbildung sich zuallererst auf Erfahrungen mit faktischen Kommunikationssituationen und darin vorkommende Äußerungsgebilde stützt".[37]

Der kommunikationspragmatische Textbegriff der Linguistik wurde dann auch auf biblische Texte angewandt.[38] Mittlerweile wurden auch die theoretischen und hermeneutischen Grundlagen der

---

[35] Z. B. MARKL, *Der Dekalog als Verfassung des Gottesvolkes*, konzentriert sich hauptsächlich auf die rechtshermeneutische Funktion der analysierten Gesetze (die Dekaloge), d. h. auf ihr Verhältnis zueinander und zu ihrem narrativen Kontext; DERS., *Gottes Volk im Deuteronomium*, betrachtet zwar die Textpragmatik im Deuteronomium, vom dtn Rechtskorpus ist aber nur selten die Rede.

[36] Vgl. S. J. SCHMIDT, *Texttheorie. Probleme einer Linguistik der sprachlichen Kommunikation* (UTB 202; München 1973) 43–87. Diese Theorie wurde von der Pragmalinguistik entwickelt, die sprachliche Handlungen (Sprechakte) bzw. kommunikative Äußerungen unter Berücksichtigung der Kontexte und Sprechsituationen untersuchte. Zu einer kurzen Darstellung der Hauptziele der Pragmalinguistik vgl. R. C. STALNAKER, "Pragmatics", *Synthese* 22 (1970) 272–289.

[37] D. WUNDERLICH, "Textlinguistik", *Grundzüge der Literatur- und Sprachwissenschaft*, II (Hrsg. H. L. ARNOLD – V. SINEMUS), 386–387. Zu dieser Voraussetzung der Textlinguistik vgl. noch P. HARTMANN, "Text als linguistisches Objekt", *Beiträge zur Textlinguistik* (Hrsg. W. D. STEMPEL) (München 1971) 9–29.

[38] C. HARDMEIER, *Texttheorie und biblische Exegese. Zur rhetorischen Funktion der Trauermetaphorik in der Prophetie* (BEvT 79; München 1978), hat zuerst das "kommunikative Handlungsspielmodell" der Texttheorie (vgl. SCHMIDT, *Texttheorie*, 48–49) als Basis für eine Neuorientierung der biblischen Exegese vorgelegt.

"empirisch-textpragmatischen Exegese" ausgearbeitet.[39] Sie geht davon aus, dass der Sinngehalt, die Kohärenz und die Funktion von Texten direkt aus bestimmten Struktur- und Leitwörtern nicht erschlossen werden können. Daraus ergibt sich der Ansatzpunkt der textpragmatischen Analyse:

> "Vielmehr bedarf es der methodischen kontrollierten Beobachtung und systematischen Beschreibung derjenigen Signale in einer Textspur, die die kommunikationspragmatische Sinnbildung und Wirkweise von Rede- oder Erzähltexten im Rezeptionsprozess steuern. Denn die Kommunikationsvollzüge, die in der Textproduktion ihre sprachförmige Spur hinterlassen haben, können bei der Rezeption nur aus ebendieser Sprachspur nachvollziehend erhoben werden".[40]

Das Verfahren der so genannten "empirisch-textpragmatischen Exegese" stellt also keine neue exegetische Methode dar, da es sich im Wesentlichen der synchronen Analysemethode (d.h. der "Beobachtung und Beschreibung einer Textspur") bedient, sondern bietet vielmehr eine neue Perspektive, die die Aufmerksamkeit der Exegese auf die Wirkung der Texte auf ihre Rezipienten lenkt.[41] In diesem Zusammenhang lässt sich zwar theoretisch jede Textsorte auf ihre pragmatische Funktion hin befragen, doch steht die textpragmatische Beschreibung rechtlicher Textsorten noch ganz am Anfang.[42] Die in dieser Studie durchgeführte pragmatische Analyse kann sich aber auch nicht ohne weiteres des Verfahrens der pragmatischen Analyse der Erzähltexte bedienen.

Es gibt einige fundamentale Unterscheidungen, die auf jeden Fall bei der Analyse berücksichtigt werden müssen. Die erste ist die Unterscheidung

---

[39] Hierzu vgl. C. HARDMEIER, *Textwelten der Bibel entdecken. Grundlagen und Verfahren einer textpragmatischen Literaturwissenschaft der Bibel*, I-II (Textpragmatische Studien zur Literatur- und Kulturgeschichte der Hebräischen Bibel; Gütersloh 2004). Auch die pragmatischen Fragestellungen dieser Studie basieren großteils auf den Überlegungen der beiden Teilbände.

[40] C. HARDMEIER – R. HUNZIKER-RODEWALD, "Texttheorie und Texterschließung. Grundlagen einer empirisch-textpragmatischen Exegese", *Lesarten der Bibel. Untersuchungen zu einer Theorie der Exegese des Alten Testaments* (Hrsg. H. UTZSCHNEIDER – E. BLUM) (Stuttgart 2006) 31.

[41] Kurzgefasst lässt sich die Textpragmatik beschreiben als "Gesamtheit der im Text angelegten kommunikativen Adressatenwirkungen, soweit sich diese aus der sprachlichen Gestalt des Textes erschließen lassen" (MARKL, *Gottes Volk im Deuteronomium*, 11).

[42] Vgl. noch zu einem kurzen Überblick über den Forschungsstand MARKL, *Der Dekalog als Verfassung des Gottesvolkes*, 9f.

zwischen der Kommunikation innerhalb der Textwelt – "textinterne Pragmatik" – und dem textexternen Kommunikationsgeschehen – "textexterne Pragmatik".[43] Allgemein lässt sich die textinterne Pragmatik im Buch Deuteronomium folgendermaßen beschreiben: "Mose handelt an Israel in Moab, indem er zum Volk spricht, ihm die Tora vermittelt und den Moabbund mit ihm schließt". Demgegenüber betrachtet die textexterne Pragmatik, was dies alles bei den (impliziten) Adressaten des Buches Deuteronomium bewirkt, wobei Israel "als Identifikationsgröße für eine nachexilische frühjüdische Gemeinschaft fungieren kann und soll".[44] Wie schon angedeutet wurde, ergänzen bei dieser Analyse die synchronen und die diachronen Fragestellungen einander. Neben der Unterscheidung zwischen textinterner und textexterner Pragmatik gibt es einen weiteren einzuführenden Begriff, die *"Metapragmatik"*.[45] Als metapragmatische Aussagen sind solche Texte zu bezeichnen, die sich auf andere Passagen beziehen und zu deren Rezeption auffordern. Bei der Analyse von Dtn 18,1–8, d. h. einer rechtlichen Textsorte, ist die Beachtung der Metapragmatik ist von großer Bedeutung, da die angestrebte Wirkung auf die Adressaten meistens nicht im Rechtskorpus (Dtn 12–26) wahrzunehmen ist, sondern in den rahmenden Teilen (Dtn 1–11; 27–34), die wichtige metapragmatische Hinweise auf die Rezeption der Gesetze und Vorschriften enthalten.

3 Zum Vorgehen dieser Studie

Die vorliegende Studie umfasst zwei einander ergänzende Analyseschritte. Der erste Schritt (Kap. II) zielt auf ein besseres Verständnis des analysierten Textes in seiner Endgestalt. So werden redaktionelle Fragestellungen nicht gänzlich ausgeklammert, doch bleibt die synchrone Methode vorherrschend. Die synchrone Analyse des Textes entspricht den ersten Analyseschritten einer textpragmatischen Analyse, die von Hardmeier und Hunziker-Rodewald als "empirische Textdurchgänge" bezeichnet werden, bei denen "der Leser sich schrittweise in die einzelnen Texturkomponenten eines Textes einlesen soll,

---

[43] Zu Kriterien der Unterscheidung zwischen textinterner und textexterner Pragmatik vgl. HARDMEIER – HUNZIKER-RODEWALD, "Texttheorie und Texterschließung", 35–38.
[44] MARKL, *Gottes Volk im Deuteronomium*, 15.
[45] Hierzu vgl. MARKL, *Gottes Volk im Deuteronomium*, 15; 43–46; 66–69, der diesen Begriff für das Deuteronomium entwickelt und sein Funktionieren dargestellt hat.

um sich das kommunikative Handlungsgeflecht systematisch zu erschließen".[46] Die synchrone Lektüre von Dtn 18,1–8 setzt sich zunächst mit Text (§ 1), Sprache (§ 2) und Kontext (§ 3) der Perikope auseinander, um ihre "Textoberfläche" und "Tiefenstruktur" beschreiben zu können (§ 4). Auf der Grundlage dieser Analyseschritte erfolgt dann die Auslegung von Dtn 18,1–8 Vers für Vers, wobei die zentrale Aussage der einzelnen Abschnitte herausgearbeitet wird (§ 5).

Anschließend (Kap. III) wird die pragmatische Funktion des Levitengesetzes untersucht. Hier werden die im Text angelegten Adressatenwirkungen aufgezeigt, soweit sich diese aus der Endgestalt des Textes erschließen lassen. Zunächst werden der/die Sender und die Adressaten des Textes identifiziert, wobei nicht nur das Levitengesetz in Dtn 18,1–8, sondern auch die anderen Levitentexte des Rechtskorpus (Dtn 12–26) berücksichtigt werden (§ 1). Anschließend werden die Adressatenwirkung von Dtn 18,1–8 (§ 2) und die sogenannten "metapragmatischen" Signale (z. B. Überschriften), die die Wirkung des Textes beeinflussen, diskutiert (§ 3). Schließlich werden diese Überlegungen durch die Betrachtung einiger anderer wichtiger Levitentexte ergänzt, die die Beziehung der Levitenpriester zum dtn Gesetz zeigen (§ 4). Das Fazit dieser vier Analyseschritte wird dann in einem Schlusskapitel (Kap. IV) gezogen und als "These" der vorliegenden Studie vorgestellt.

---

[46] HARDMEIER – HUNZIKER-RODEWALD, "Texttheorie und Texterschließung", 32. Vgl. auch HARDMEIER, *Textwelten der Bibel entdecken* I, 144f.

II Synchrone Lektüre – Empirische Textdurchgänge

1 Der Text von Dtn 18,1–8

Textgrundlage für die synchrone und textpragmatische Analyse von Dtn 18,1–8 ist der MT des Codex Leningradensis/Petropolitanus B19a, der in der Deuteronomium-Ausgabe der BHQ wiedergegeben ist.[47] Auch wenn sich die Analyse des Levitengesetzes auf die Endgestalt des Textes konzentriert, darf die Historizität des Textes nicht außer Acht gelassen werden. So muss der synchronen Betrachtung eine *Critica Textus* vorangestellt werden,[48] die der vorliegenden Untersuchung mindestens zu zwei wichtigen Ergebnissen verhilft: (1) zum einen wird eine Textgrundlage gewonnen, die auch textkritisch übergeprüft bzw. bestätigt wird; (2) zum zweiten werden manche Schwierigkeiten

---

[47] C. MCCARTHY (Hrsg.), *Deuteronomy* (BHQ 5; Stuttgart 2007). Die BHS wird für die übrigen Bücher der Hebräischen Bücher verwendet.
[48] Textkritik wird in der Regel "diachron" betrieben: Es werden Handschriften-Genealogien erstellt und aus den Varianten der vermutlich ursprüngliche Text erschlossen. Die vorliegende Arbeit bietet demgegenüber eine sogenannte "synchrone Textkritik" (vgl. N. RABE, "Zur synchron definierten alttestamentlichen Textkritik", *BN* 52 [1990] 64–97), d. h. ein tatsächlich belegter Text, der MT des Leningradensis/Petropolitanus, wird der weiteren Arbeit zugrunde gelegt und auf seine Zuverlässigkeit bzw. seinen Sinngehalt hin untersucht.

beim Verstehen der ausgewählten Textbasis durch die Auseinandersetzung mit den antiken Übersetzungen erläutert.

1.1 Textzeugnisse vom Toten Meer

Von Dtn 18,1–8 enthalten die Funde von Qumran als Fragmente drei Textzeugnisse:

(a) 4QDeut^c (4Q30) enthält je ein Wort von Vv. 1a und 1b; der erhaltene Textbefund lässt keine Abweichung vom MT erkennen.[49]

(b) 4QDeut^f (4Q33) beinhaltet Fragmente von vv. 6–8.[50] In diesem Qumran-Fragment sind nur die letzten Wörter von Vv. 6a, 7a und 8 erhalten, die den Konsonantenbestand von MT repräsentieren.

(c) 11QT^a (11Q19) enthält einen Dtn 18,1–8^{MT} ähnlichen Text, in dem die Ansprüche des Kultpersonals, der Priester und der Leviten, gemäß Dtn 18,1–8 festgelegt werden, doch um Zusätze aus Lev 27, Num 18 und 31 erweitert sind (vgl. LX, 6–15).[51] Es handelt sich also um einen aus mehreren biblischen Stellen gemischten Text, dem der MT vorzuziehen ist. Während der MT die Gruppe der Priester und der Leviten eher "homogenisieren" will, "separiert" die Tempelrolle diese beiden Gruppen: Zuerst werden die Priestereinkünfte, danach die Levitenanteile behandelt.[52]

1.2 Samaritanischer Pentateuch (Smr)[53]

Smr bestätigt den Vorzug von MT. Es gibt nur zwei Abweichungen, wobei aber für den MT als ursprünglichere Fassung zu optieren ist. Erstens weicht Smr in V. 5b vom MT ab und bietet eine mit der LXX parallele Lesart:

---

[49] E. ULRICH u. a. (Hrsg.), *Qumran Cave 4* (DJD 14; Oxford 1995) 27.
[50] ULRICH u. a. (Hrsg.), *Qumran Cave 4*, 49.
[51] E. QIMRON (Hrsg.), *The Temple Scroll. A Critical Edition with Extensive Reconstruction* (Beer Sheva – Jerusalem 1996), 85.
[52] Die Tempelrolle geht mit dem Text von Deuteronomium in verschiedener Weise um, dazu vgl. L. H. SCHIFFMAN, "The Deuteronomic Paraphrase of the Temple Scroll", *RevQ* 15 (1992) 543–567. Im Fall von Dtn 18,1–8 legt sie einen paraphrasierten MT mit Variationen und Harmonisierungen vor. Zum Verhältnis des MT zur Tempelrolle vgl. auch die Schlussfolgerungen der Studie von D. D. SWANSON, *The Temple Scroll and the Bible. The Methodology of 11QT* (STDJ 14; Leiden – New York – Köln 1995) 227–243.
[53] Zitiert nach A. TAL (Hrsg.), *The Samaritan Pentateuch. Edited according to Ms 6 (C) of the Shekhem Synagogue* (TSHLRS 7; Tel-Aviv 1994) 194.

(παραστῆναι ἔναντι לַעֲמֹד לִפְנֵי יְהוָה אֱלֹהֶיךָ וּלְשָׁרְתוֹ וּלְבָרֵךְ בִּשְׁמוֹ הוּא וּבָנָיו כָּל־הַיָּמִים κυρίου τοῦ θεοῦ σου λειτουργεῖν καὶ εὐλογεῖν ἐπὶ τῷ ὀνόματι αὐτοῦ, αὐτὸς καὶ οἱ υἱοὶ αὐτοῦ πάσας τὰς ἡμέρας).[54] Angesichts der Variante von Smr und auch LXX ist aber MT (לַעֲמֹד לְשָׁרֵת בְּשֵׁם־יְהוָה הוּא וּבָנָיו כָּל־הַיָּמִים) vorzuziehen, da beide eine mit Dtn 10,8 harmonisierte Lesart repräsentieren. Zweitens steht im Smr in V. 8b ein *waw* vor עַל־הָאָבוֹת, das sowohl textkritisch als auch für die Interpretation irrelevant ist.

1.3 Antike Übersetzungen
1.3.1 Septuaginta (LXX)[55]

Es gibt keine größere Abweichung zwischen MT und LXX, dafür aber zahlreiche kleine Abweichungen, die hauptsächlich als Ergebnis der zugrundeliegenden Übersetzungstechnik und nicht einer abweichenden hebräischen Vorlage gedeutet werden müssen.[56] Die Beachtung der LXX-Übersetzungstechnik hat für die Auslegung des Textes eine wichtige Funktion. Die antiken Übersetzungen, wie vor allem die LXX, zeigen nämlich, welche Probleme die ersten Übersetzer der Vorlage, und damit seine ersten Ausleger, hatten, und wie sie den sprachlichen Unterschied überbrückten und den hebräischen Text in den neuen Kultur- und Sprachraum übertrugen. Es müssen in der LXX-Übersetzung folgende Stellen beleuchtet werden:

(a) In V. 1b וְנַחֲלָתוֹ יֹאכֵלוּן stößt die LXX offensichtlich auf Übersetzungsprobleme. Das Ergebnis des LXX-Versuches den Schluss von 1b zu wiedergeben ist Bedeutungsveränderung des Verses: καρπώματα κυρίου

---

[54] In Dtn 18:5 steht die LXX dem Smr näher als dem MT. Vgl. J. W. WEVERS, *Notes on the Greek Text of Deuteronomy* (SBLSCS 39; Atlanta 1995) 294.
[55] Zitiert nach J. W. WEVERS (Hrsg.), *Deuteronomium* (Septuaginta. Vetus Testamentum Graecum Auctoritate Academie Scientiarum Gottingensis editum III, 2; Göttingen 1977). A. RAHLFS – R. HANHART (Hrsg.), *Septuaginta. Id est Vetus Testamentum graece iuxta LXX interpretes*. Editio altera (Stuttgart 2006), wird für die übrigen Bücher der LXX verwendet.
[56] Die Übersetzungsschwierigkeiten hängen nicht zuletzt mit dem formalhaften Charakter des Deuteronomium zusammen. Vgl. J. W. WEVERS, *Text History of the Greek Deuteronomy* (AAWG.MSU 13; Göttingen 1978) 86–99. Die spezifischen Charakteristika der LXX und ihr Verhältnis zu MT vgl. C. DEN HERTOG – A. LABAHN – T. POLA, "Deuteronomion/Deuteronomium/Das Fünfte Buch Mose", *Septuaginta Deutsch. Erläuterungen und Kommentare zum griechischen Alten Testament I* (Hrsg. M. KARRER – W. KRAUS) (Stuttgart 2011) 523–536. Generell lässt sich feststellen, dass „der griech. Übersetzer lässt gegenüber seiner Vorlage eine sehr große Treue walten" (*ebd.*, 525).

ὁ κλῆρος αὐτῶν φάγονται αὐτά.⁵⁷ Der Bedeutungswandel ergibt sich aus der Auslassung der Konjunktion (ו) und der Hinzufügung des direkten Objektpronomens (αὐτά).⁵⁸

(b) In V. 4 wird die Trias der Gaben, דְּגָנְךָ וְתִירֹשְׁךָ וְיִצְהָרֶךָ, (s. noch in Dtn 7,13; 11,14; 12,17; 14,23) jeweils mit einem Possessivpronomen (2. Sg.) versehen. Obwohl in fast allen griechischen Textzeugnissen das Possessivpronomen mit dem Genitiv σου wiedergegeben wurde, bevorzugt Wevers die Lesart von 848 und folgt in seiner LXX-Ausgabe diesem Textzeugen.⁵⁹ Da es dabei um die LXX-Überlieferung geht, ist das Problem für die vorliegende Untersuchung nicht relevant. Es genügt festzustellen, dass sich die vermutliche ursprüngliche Lesart in MT findet, da er den Unterschied zwischen den griechischen Textzeugnissen erklärt.

(c) In V. 5a taucht ein ähnliches Problem bezüglich אֱלֹהֶיךָ auf. Die LXX-Ausgabe von Wevers, gestützt von B und 848, lässt die griechische Übersetzung von אֱלֹהֶיךָ (ὁ θεός σου) gegen die übrige griechische Manuskriptüberlieferung weg.⁶⁰ Zwar wäre nach den Regeln der Textkritik die *lectio brevior* vorzuziehen, doch lässt die einheitliche Überlieferung des MT die LXX-Variante nicht ohne weiteres als Wiedergabe einer älteren hebräischen Vorlage erkennen.

(d) In V. 6b der LXX fehlt eine Entsprechung zu וּבָא. Die LXX schließt an V. 6a direkt καθότι ἐπιθυμεῖ ἡ ψυχὴ αὐτοῦ an. Das Fehlen von וּבָא in der LXX-Tradition kann auf verschiedene Weise erklärt werden: 1) Die LXX hatte eine Vorlage ohne וּבָא; 2) Die LXX habe Schwierigkeiten mit dem Einbau von וּבָא in den schon komplizierten Text von Vv. 6–8 gehabt.⁶¹

---

⁵⁷ Wevers, *Notes*, 293, übersetzt den LXX-Text in dieser Weise: "the fruit offerings of the Lord are their portion; they shall eat them".

⁵⁸ Nach McCarthy (Hrsg.), "Deuteronomy", 105, versucht die LXX durch die Hinzufügung des Objektpronomens den Sinn von V. 1b zu verdeutlichen (vgl. Dtn 1,30).

⁵⁹ "Originally, however, as 848 (ca. 50 B.C.E.) shows, the text was shorter without any σου at all, which good Greek style would indeed prefer" (Wevers, *Notes*, 294). Vgl. noch die Diskussion bei Wevers, *Text History*, 78; McCarthy (Hrsg.), *Deuteronomy*, 105.

⁶⁰ Die Argumentation von Wevers stützt sich auf die Übereinstimmung der Hs 848 mit dem Codex Vaticanus: "In fact, all Greek mss except B 848 add ο θεος σου as well, but the combinated witness of B 848 is definitive" (Wevers, *Notes*, 294).

⁶¹ Dazu bemerkt Wevers, *Notes*, 296: aus der Hinzufügung von και ελευσεται ergibt sich "a peculiar Greek clause quite at odds with what either MT or LXX intended".

(e) Der Sinn des ganzen V. 8 ist dunkel. LXX liest wohl in V. 8a מ statt כ, versteht dann מחלק als Partizipium Pual und übersetzt חֵלֶק כְּ mit μερίδα μεμερισμένην (einen abgeteilten Teil). V. 8b vom MT lässt sich in dieser Weise wiedergeben: "abgesehen von seinen 'Verkäufen' gemäß den Vätern". LXX versucht den Sinn von V. 8b so zu erfassen: πλὴν τῆς πράσεως τῆς κατὰ πατριάν.⁶² Die LXX scheint also der Lesart des MT zu folgen.⁶³

(f) Der Text der Vv. 6–8 bietet ein syntaktisches Problem, das in der Übersetzung ausführlich behandelt wird. Anders als im MT beginnt die Apodosis in der LXX schon mit V. 7. Wie gezeigt wird, beginnt aber die Apodosis im MT erst mit V. 8. Es handelt sich also eher um eine grammatikalische als um eine textkritische Frage.⁶⁴

1.3.2 Targumim: Targum Onqelos (Tg°),⁶⁵ Targum Neophiti (Tgᴺ) und Targum Pseudo-Jonathan (Tgᴾᴶ)⁶⁶

Die Targumim als paraphrasierende aramäische Übersetzungen können nicht für die Auswertung der Plausibilität der masoretischen Textüberlieferung dienen und daher nur schwache textkritische Relevanz haben.⁶⁷ Tg° als Beispiel für die babylonische Tradition ist relativ treu zu MT, Tgᴺ und Tgᴾᴶ als Vertreter der palästinischen Tradition haben dagegen viele Abweichungen bzw.

---

⁶² Vgl. Wevers, Notes, 297: "The phrase לבד מן is rendered literally by πλήν 'besides', and מכריו is understood as based on the root מכר 'to sell', hence τῆς πράσεως τῆς 'the sale of that which', and the prepositional phrase is interpreted as κατὰ πατριάν 'concerning the paternal inheritance'. So probably 'the sale of goods inherited from one's father'".

⁶³ Vgl. den Hertog u. a., "Deuteronomion", 572: "obwohl sich die Vokalisation עַל־הָאֹבוֹת 'über den Totenbeschwörer' nahelegt, hat die LXX eine dem MT ('Väter' bzw. 'Vätergeschlechter') nahe stehende Vokalisation gelesen".

⁶⁴ Während die Konditionalperiode in Vg einstimmend mit LXX den Beginn der Apodosis in V. 7a setzt, beginnt Syr die Apodosis in V. 6, die Targumim setzen sie hingegen in V. 8. Diese Divergenz bei den Übersetzungen zeigt, dass es sich nicht um eine andere Vorlage, sondern um eine Übersetzungsschwierigkeit handelt.

⁶⁵ Zitiert nach A. Sperber (Hrsg.), The Pentateuch according to Targum Onqelos (The Bible in Aramaic 1; Leiden – Boston ³2004).

⁶⁶ Zitiert nach A. Díez Macho (Hrsg.), Targum Palestinense in Pentateuchum. Deuteronomium (Biblia Polyglotta Matritensia 5; Madrid 1980).

⁶⁷ P. W. M. Flesher – B. Chilton, The Targums. A Critical Introduction (SAIS 12; Leiden – Boston 2011) 10: "These Targums combine literal translation of the Hebrew text with a great deal of additional and sometimes highly creative material".

Expansionen. Es gibt zwei Abweichungen bzw. targumische Interpretationen, die aufgezeigt werden müssen.

(a) Sowohl Tg^O als auch Tg^N bzw. Tg^{PJ} haben Probleme mit der masoretischen Tradition, die den Herrn als Erbteil/Anteil der Leviten auffasst (s. V. 2b). Tg^O weist diese enge Beziehung zwischen dem Herrn und den Leviten zurück und hält nur die Gaben, die der Herr geben wird (מתנן דיהב ליה יוי אינין אחסנתיה), für die Levitenanteile. Tg^N versteht die dem Herrn dargebrachte Opfer (קרבנוי דייי) als der Erbteil der Leviten. Tg^N versucht die Beziehung der Leviten und Priester zu Gott an der ganzen Stelle dadurch zu schwächen, dass ihre Beziehung nur zu der *Memra* des Herrn besteht (s. Vv. 5 und 7 von Tg^N).[68] Nicht einmal Tg^{PJ} kann die im MT beschriebene Gottesbeziehung annehmen und betrachtet "die vierundzwanzig Gaben des Priestertums" (עשרין וארבע מוהבותא דכהונתא), die der Herr geben wird, als die Levitenanteile. Dieser Einwand der Targumim gegen die enge Beziehung der Leviten zu Gott soll ein theologisches Problem der aramäischen Textüberlieferung sein. Diese Studie macht aber darauf aufmerksam, dass die besondere Beziehung der Leviten zu Gott auch im MT nicht selbstverständlich ist. Daher muss die Auslegung auf dieses Motiv besondere Rücksicht nehmen.

(b) Die andere Herausforderung für die Targumim besteht in der Übersetzung von V. 8. Sie versuchen, diese Stelle im Hinblick auf die verschiedenen Talmud- bzw. Mischnatraditionen zu beleuchten. Tg^O setzt einen Turnus im Priesterdienst voraus.[69] Tg^N legt den obskuren Ausdruck עַל־הָאָבוֹת des MT im Horizont des Segens von Isaak über Jakob (Gen 27,27) bzw. von Jakob über Levi (Gen 49,7) aus.[70]

---

[68] Vgl. B. CHILTON, "Recent and Prospective Discussion of Memra", *From Ancient Israel to Modern Judaism. Intellect in Quest of Understanding II* (Hrsg. J. NEUSNER – E. S. FRERICHS – N. M. SARNA) (BJSt 173; Atlanta 1989) 119–137.

[69] I. DRAZIN, *Targum Onkelos to Deuteronomy. An English Translation of the Text with Analysis and Commentary* (New York 1982) 179–180, nimmt an: "The Targum may be explaining that when priests decide to serve in the Temple on a festival which is not within their assigned rotation, they may share in the hides of the festival burnt offerings and the flash of the festival sin offering".

[70] Vgl. B. B. LEVY, *Targum Neophiti 1. A Textual Study. Leviticus, Numbers, Deuteronomy* (SJ 2; Lanham – New York – London 1987) 251.

Tg^PJ definiert näher die "Väter" als Eleazar und Ithamar, deren Anteil die Leviten beanspruchen können.[71] Es ist also zu vermerken, dass der MT in V. 8 eine unklare und ungeklärte priesterliche Norm vorlegt, die weder die LXX (s. oben) noch die Targumim eindeutig interpretieren können.

1.3.3 Peschitta (Syr)[72]

Auch Syr folgt eher dem MT als der LXX.[73] Die Tendenz von Syr ist die Simplifizierung des MT und die Weglassung schwieriger hebräischer Wendungen (s. z. B. V. 8b: *sṭr mn zbn' d'bh'*). Syr versucht die schwierigen Formulierungen auch zu interpretieren. Ein typisches Beispiel ist die Übersetzung von V. 1a, in dem לַכֹּהֲנִים הַלְוִיִּם ("Levitische Priester") mit *lkhn' wllwy'* ("Priestern und Leviten") übersetzt wird.

1.3.4 Vulgata (Vg)[74]

Vg ist ein sehr zuverlässiges Textzeugnis des MT. In Dtn 18,1–8 ergeben sich alle Abweichungen aus syntaktischer bzw. stilistischer Angleichung an das Lateinische.[75] Ihre Abweichungen setzten also keine andere Vorlage voraus.

Fazit: Es gibt keinen triftigen Grund, den im Codex Leningradensis/ Petropolitanus überlieferten MT zu ändern und Lesarten anderer antiker Textzeugen zu Dtn 18,1–8 vorzuziehen. Die vorgestellten Varianten geben jedoch einen wertvollen Einblick in die Interpretationsprobleme, mit denen die ersten Ausleger des Textes, die antiken Übersetzer, konfrontiert waren.

---

[71] T^PJ zeigt ein sehr komplexes Priesterprofil, dazu vgl. B. M. Mortensen, *The Priesthood in Targum Pseudo-Jonathan* (SAIS 4; Leiden – Boston 2006).

[72] Zitiert nach W. M. van Vliet (Hrsg.), *Deuteronomy* (The Old Testament in Syriac according to the Peshiṭta Version I, 2; Leiden 1991).

[73] "Although there are some few cases where there must have been influence from G (*sc.* LXX), perhaps at a later stage in transmission" (McCarthy [Hrsg.], *Deuteronomy*, 8).

[74] Zitiert nach R. Weber – R. Gryson (Hrsg.), *Biblia Sacra iuxta Vulgatam versionem* (Stuttgart ⁵2007).

[75] Vgl. V. 1: "*et oblationes eius*" – Pl. statt Sg.; V. 4: "*frumenti vini et olei et lanarum partem*" – kein Possessivpronomen (s. LXX); V. 8: "*accipiet*" – Sg. statt Pl.; "*eo quod in urbe sua ex paterna ei successione debetur*" – freie Übersetzung des MT.

2 Die Sprache des Textes
2.1 Übersetzung
Die vorliegende Übersetzung von Dtn 18,1–8^MT gibt die Wortstellung und Grammatik des hebräischen Textes so genau wie möglich wieder.[76]

> 1a Die levitischen Priester, der ganze Stamm Levi, sollen weder Anteil noch Erbbesitz mit Israel haben.
> 1b Die Feueropfer JHWHs und seinen Erbbesitz sollen sie essen.
> 2a Aber Erbbesitz soll er nicht inmitten seiner Brüder haben;
> 2b JHWH, er ist sein Erbbesitz, wie er ihm gesagt hat.
> 3a Und dies soll das Recht der Priester beim Volk sein, d. h. bei denen, die ein Opfer darbringen, sei es Rind oder Schaf:
> 3b man soll dem Priester die Vorderhaxe, beide Kinnbacken und den Labmagen geben.
> 4 Den ersten Ertrag von deinem Korn, deinem Most und deinem Öl und den ersten Ertrag von der Schur deines Kleinviehs sollst du ihm geben,
> 5a denn ihn hat JHWH, dein Gott, aus allen deinen Stämmen erwählt,
> 5b damit er dasteht um im Namen JHWHs Dienst zu verrichten; er und seine Söhne alle Tage.
> 6a Und wenn der Levit aus einem deiner Tore, aus ganz Israel, – wo er sich als Fremder aufhält – herkommen will,
> 6b – (denn) er kommt nach aller Lust seiner Seele an den Ort, den JHWH erwählen wird –,
> 7a und (wenn) er den Dienst im Namen JHWHs, seines Gottes verrichtet,
> 7b wie alle seine Brüder, die Leviten, die dort vor JHWH dastehen,
> 8a (dann) sollen sie den gleichen Erbbesitz essen,
> 8b abgesehen von seinen Verkäufen aus väterlichem Besitz.

---

76   Die Übersetzung soll jedoch keine bloße "Interlinearübersetzung" sein. Es seien hier nur zwei Beispiele erwähnt: (1) die Konstruktion "sein + ל + Substantiv" (s. V. 1a) drückt Besitz, Zugehörigkeit aus (s. JM § 130), die ins Deutsche mit „haben, gehören" zu übersetzen ist; (b) das *waw* wird ebenfalls aufgrund der klassischen grammatischen Regeln (s. JM § 115; 153–177) entsprechend seiner Funktion übersetzt (s. Vv. 6–8).

2.2 Lexikalische Anmerkungen

(a) In V. 1 kommt das Substantiv נַחֲלָה zweimal vor. Es bietet manche Schwierigkeiten. Seine Hauptbedeutung ist "unveräußerlicher Erbbesitz", aber, wie in der Auslegung dargestellt wird, es hat eine sehr große semantische Weite im AT,[77] wobei seine genaue Konnotation sich aufgrund des Kontextes erkennen lässt. Die Bedeutung von נַחֲלָה ist auch in V. 1 unklar, da die zwei Belege im selben Vers zwei verschiedene "Erbbesitze" bezeichnen. In V. 1a bezeichnet נַחֲלָה gemäß seinem normalen Usus den Erbbesitz der Leviten bei der Erbteilung für alle Stämme Israels. V. 1b weicht aber von diesem Gebrauch von נַחֲלָה ab, und der "Erbbesitz" bezeichnet hier eher die Levitenanteile an Opfern für JHWH, nicht Erbbesitz in seinem konkreten Sinn. Die Übersetzung benutzt für נַחֲלָה beide Male wie der Text das gleiche Wort ("Erbbesitz").

(b) In V. 1b ist die Bedeutung von אִשֶּׁה zu bedenken. אִשֶּׁה bezeichnet "Feueropfer",[78] aber manche Übersetzungen bevorzugen andere Ausdrücke, wie z. B. "Opferanteile" (s. Einheitsübersetzung 2016). Hier wird jedoch die Übersetzung mit "Feueropfer" bevorzugt, da sie den Hinweis auf אֵשׁ ("Feuer") enthält.

(c) Weiterhin sind die drei Gaben an den Priester in V. 3b zu erwähnen: לְחָיַיִם, זְרֹעַ und קֵבָה. Diese Begriffe erscheinen in einem Opferkontext und lassen sich daher nicht leicht in eine moderne Sprache übertragen. זְרֹעַ hat einen sehr breiten Gebrauch im AT.[79] Daher wird זְרֹעַ in Dtn 18,3b in verschiedener Weise übersetzt, z. B. mit "Schulterstücke" oder "Bug" oder „Vorderkeule" usw. Hier wird aber die Primärbedeutung von זְרֹעַ ("Arm") bevorzugt und beibehalten und, da der "Arm" sich in diesem Kontext auf Tiere bezieht, mit "Vorderhaxe" übersetzt.[80]

---

[77] Das Substantiv נַחֲלָה hat 224 Belege im AT, davon 25 im Deuteronomium. Zu seinen verschiedenen Bedeutungen vgl. HALAT, 649–650.
[78] Vgl. HALAT, 90–91.
[79] Zuallererst bezeichnet das Wort den "Arm/Unterarm", aber es wird auch metaphorisch benutzt. Vgl. HALAT, 269.
[80] זְרֹעַ kann auch die "Schulter" bezeichnen, steht dann aber meist im Pl. (s. z. B. 2 Kön 9,24). Daher sollte diese Bedeutung in Dtn 18,3b nicht verwendet werden. Die Übersetzung mit "Bug (eines Tieres)", "Vorderkeule" ist aus der Primärbedeutung von זְרֹעַ „Arm/Unterarm" hergeleitet.

Das zweite Opfer an den Priester, לְחִי, bezeichnet "Kinn" oder "Kinnbacke".[81] Bei לְחָיַיִם handelt es sich jedoch um eine Dualform und das Wort muss dementsprechend übersetzt werden: "beide Kinnbacken". Das dritte Element der Triade, קֵבָה, lässt sich mit "Labmagen" übersetzen.[82]

(d) Schließlich muss die Übersetzung von לְבַד מִמְכָּרָיו עַל־הָאָבוֹת erklärt werden. Zwar ist der hebräische Text des MT sehr gut und sicher bezeugt, es lässt sich aber keine befriedigende Übersetzung finden.[83] Wie Dahmen darstellt, lassen sich drei verschiedene Lösungsversuche aufzeigen:[84] (1) eine erste Gruppe verzichtet ganz auf eine Übersetzung; (2) eine zweite Gruppe, die zahlenmäßig größte, versucht, dem Text des MT durch Änderungen der Vokalisation einen Sinn abzugewinnen – die Deutungen liegen dann entweder auf der Linie "abgesehen von seinen Verkäufen von väterlichen/familiären Besitz" oder auf der Linie "ohne dass man berücksichtigt, wie groß sein väterliches Vermögen/Erbteil ist";[85] (3) eine letzte Gruppe versucht schließlich, dem Text durch Konjekturen ein Verständnis abzugewinnen.[86] Die vorliegende Studie schließt sich dem zweiten Lösungsvorschlag an und leitet das Wort מִמְכָּרָיו von מכר ("verkaufen") ab.

---

[81] Vgl. HALAT, 499.
[82] Vgl. HALAT, 992.
[83] Darum kommt DAHMEN, *Leviten und Priester im Deuteronomium*, 307, zu der Folgerung, dass "der Text in der damaligen Zeit verständlich gewesen sein muss".
[84] Vgl. DAHMEN, *Leviten und Priester im Deuteronomium*, 307–310.
[85] Es gibt zwei Vokalisierungsvorschläge: zum einen wird מִמְכָּרָיו zu מִמְכָּרָיו umvokalisiert, wobei die gängige Form der Konjunktion מִן + לְבַד ("abgesehen von", s. z. B. Ex 12,37; Num 29,39; Dtn 3,5 usw.; vgl. HALAT, 105) erreicht wird; zum anderen wird in ממכריו das Substantiv מַכָּר ("Bekannter", z. B. 2 Kön 12,6.8; vgl. GESENIUS, 674) oder das Substantiv מֶכֶר ("Verkaufsobjekt", z. B. Num 20,19; Spr 31,10; Neh 13,16, vgl; GESENIUS, 674) erkannt.
[86] Die verschiedenen Konjekturen s. bei DAHMEN, *Leviten und Priester im Deuteronomium*, 309.

2.3 Grammatikalische Anmerkungen

(a) Zum einen wird der Nominalsatz in V. 2b (יְהוָה הוּא נַחֲלָתוֹ) betrachtet.[87] Dieser Satztyp weicht insofern von den übrigen Sätzen von Dtn 18,1–8 ab, dass er kein Verb enthält, sondern die zwei nebeneinanderstehenden Substantive die Aussage (Prädikation) darstellen. In diesem Fall kommt auch noch das Pronomen הוּא hinzu,[88] dessen Funktion ebenfalls erwogen werden muss.[89] Meiner Ansicht nach lässt sich der Nominalsatz von V. 2b folgendermaßen übersetzen: "JHWH, er ist sein Erbbesitz".

Diese Übersetzung bzw. Interpretation von V. 2b mag folgende Nuancierung nahelegen: (1) הוּא hat eine emphatische Funktion im Nominalsatz,[90] d. h. יְהוָה wird stärker hervorgehoben als נַחֲלָתוֹ, das im Deutschen mit der Hinzufügung von "er" wiedergegeben wird;[91] (2) V. 2b antwortet nicht auf die Frage "Was ist JHWH?", sondern im Blick auf V. 2a (וְנַחֲלָה לֹא־יִהְיֶה־לּוֹ בְּקֶרֶב אֶחָיו) beantwortet "Was ist der Erbbesitz von Levi?"[92]

---

[87] Zur jüngsten Diskussion der Nominalsätze und der Funktion von הוּא vgl. R. D. HOLMSTEDT – A. R. JONES, "The Pronoun in Tripartite Verbless Clauses in Biblical Hebrew: Resumption for Left-Dislocation or Pronominal Copula?", *JSSt* 59 (2014) 53–89. Auch Holmstedt und Jones halten den Nominalsatz von Dtn 18,2 für "ambigue", vgl. *ebd.*, 85–86.

[88] "It is possible for a verbless clause to contain three rather than two parts; the relationship between subject and predicate may be effected through what is often called a pleonastic or dummy pronoun (pleo), personal or demonstrative" (WO § 8.4.1b).

[89] "The specific phenomenon is the so-called *tripartite verbless clause*, that is, a clause lacking an overt verb as the predicate and consisting of three primary constituents, at least one of which is a third-person pronoun" (HOLMSTEDT – JONES, "The Pronoun in Tripartite Verbless Clauses in Biblical Hebrew", 53–54).

[90] Vgl. T. MURAOKA, *Emphatic Words and Structures in Biblical Hebrew* (Jerusalem – Leiden 1985) 67–82. Die emphatische, hervorhebende Funktion von הוּא findet sich in vielen anderen semitischen Sprachen, s. z. B. das Syrische (vgl. T. NÖLDEKE, *Syrische Grammatik* [Leipzig 1898] § 311).

[91] Lambdin § 60, bemerkt hierzu treffend: "it is impossible for us to determine this nuance with any accuracy, since there are no informants available who speak Biblical Hebrew".

[92] "There are two kinds of verbless clauses, identifying (basic word order: subject-predicate) and classifying (basic word order: predicate-subject)" (WO § 16.3.3a). In diesem Sinne ist also der Nominalsatz von Dtn 18,2b als "Klassifikationssatz" zu interpretieren.

(b) Zum zweiten muss die Übersetzung des Konditionalgefüges (Protasis und Apodosis) in Vv. 6–8 erklärt werden. Das größte Problem bei der Übersetzung besteht in der Bestimmung des Beginns der Apodosis. Auch in Dtn 18,6–8, wie oft im Hebräischen, ist nur der Beginn der Protasis mit כִּי formal gekennzeichnet, und die Apodosis wird mit keinem formalen Kennzeichen eingeleitet. Demzufolge liegt es im Ermessen des Übersetzers festzulegen, wo die Protasis endet und die Apodosis beginnt.[93] Beginnt die Apodosis mit וּבָא (V. 6b: "dann soll er kommen"), mit וְשֵׁרֵת (V. 7a: "dann wird er dem Namen des Herrn, seines Gottes, Dienst verrichten") oder mit dem Syntagma חֵלֶק כְּחֵלֶק יֹאכֵלוּ (V. 8a: "dann sollen sie den gleichen Erbbesitz/Anteil essen")? Wie die antiken Übersetzungen zeigen (s. oben 1.3), ist es kaum möglich, zu einem Konsens zu kommen. Die Bestimmung des Beginns der Apodosis ist aber für die Auslegung des Textes durchaus notwendig, da er den Sinn des Endes von Dtn 18,1–8 bestimmt.[94]

Meiner Ansicht nach ist V. 8a als Beginn der Apodosis vorzuziehen. Diese Entscheidung basiert auf folgenden Überlegungen: (1) das sogenannte *"waw of apodosis"* ist nicht maßgebend, um den Beginn der Apodosis in V. 6b oder 7a zu bestimmen;[95] (2) wie die klassischen Grammatiken bemerken, wird das Verb der Apodosis mit *waw* eingeleitet, da die Verbindung der Protasis mit der Apodosis als zeitliche

---

[93] Vgl. GK § 159a; vgl. auch Lambdin § 196. Das sogenannte *"waw of the apodosis"* (vgl. JM 176) im Hebräischen kann leider nicht den Beginn der Apodosis klar kennzeichnen, da es sehr schwer ist, zwischen dem *"waw of the apodosis"* und dem *waw vor einem anderen Verb der Protasis* zu unterscheiden. Im Aramäischen bzw. Syrischen ist der Beginn der Apodosis im Vergleich zum Hebräischen viel deutlicher, da das Verb der Apodosis nach der Protasis ohne *waw* fortgesetzt wird. Die Apodosis ohne *waw*-Einleitung hebt hervor, dass die Protasis der Apodosis untergeordnet, d. h. als Nebensatz zu verstehen ist. Vgl. H. Gzella – M. L. Folmer (Hrsg.), *Aramaic in Its Historical and Linguistic Setting* (VOK 50; Wiesbaden 2008) 65–67.

[94] Falls die Apodosis in V. 8 beginnt, wird das Recht der Leviten, den gleichen Anteil beim zentralen Heiligtum zu erhalten, akzentuiert. Falls aber der Beginn der Apodosis in V. 7 gesetzt wird, wird das Recht der Leviten, im zentralen Heiligtum Dienst zu verrichten, hervorgehoben.

[95] "The use of the Waw of apodosis is not subject to any strict rules. Generally such a Waw is used when a need is felt to link what is about to be said to what has been said, after a slowing down or break in the flow of thought" (JM § 176c).

oder logische Folge betrachtet wird;[96] (3) während die Reihenfolge der *weqatalti*-Verbformen die Zusammengehörigkeit der Periode von Vv. 6–7 hervorheben, setzt das Syntagma חֵלֶק כְּחֵלֶק יֹאכֵלוּ durch die Unterbrechung der *weqatalti*-Verbformen den V. 8 in eine emphatische Position gegenüber den Vv. 6–7;[97] (4) V. 8 kann aber nicht als völlig unabhängig von Vv. 6–7 betrachtet werden, weil er inhaltlich ohne Vv. 6–7 nicht verstehbar ist.[98] In diesem Zusammenhang dürfen also mit großer Sicherheit Vv. 6–7 als Protasis (mit *weqatalti*-Reihenfolge), V. 8 als Apodosis (in emphatischer Position) betrachtet und übersetzt werden.[99]

Fazit. Sprachlich bereitet vor allem V. 3 erhebliche Probleme; sein Inhalt "geht möglicherweise sogar auf ein kanaanäisches Muster zurück".[100] Darüber hinaus lässt sich auch eine gewisse "Verflechtung" der Opfersprache mit der theologischen Sprache feststellen: vgl. נַחֲלָתוֹ; אִשֵּׁי יְהוָה. Was die grammatikalische Struktur des Textes betrifft, so enthält die untersuchte Perikope mit Ausnahme von Vv. 6–8 kurze und klare Sätze. Vv. 6–8 bildet also einen "Bruch" in dem einfachen Stil des Textes.

---

[96] "Often *waw*-relative with the suffix conjugation represents a situation as a simple (con) sequence, whether logical, temporal, or both, of a preceding situation represented by the non-perfective conjugation" (WO § 32.2.1c); vgl. auch JM § 167b.

[97] Vgl. mit der aramäischen bzw. syrischen Konditionalperiode; zur Entwicklung der Konditionalperiode in den semitischen Sprachen s. GZELLA – FOLMER (Hrsg.), *Aramaic in Its Historical and Linguistic Setting*, 65–67.

[98] "Hinzu kommt, daß, sieht man in v. 7 den Beginn der Apodosis, v. 8 syntaktisch aus dem mit v. 6 begonnenen konditionalen Gefüge herausfällt" (DAHMEN, *Leviten und Priester im Deuteronomium*, 296).

[99] In dieser Linie auch R. K. DUKE, "The Portion of the Levite. Another Reading of Deuteronomy 18:6–8", *JBL* 106 (1987) 193–201. Vgl. seine Konklusion: "The *waw* consecutive here [*sc.* V. 7a] can also be used to continue the sequence of conditional factors introduced by *kî*. Verse 7 actually continues the protasis, stating a further condition, while v 8 presents the apodosis" (*ebd.*, 196).

[100] G. BRAULIK, *Deuteronomium 16,18–34,12* (NEB 28; Würzburg 1992), 131. Vgl. auch M. ROSE, *5. Mose* (Züricher Bibelkommentare AT 5.1; Zürich 1994) 86, bemerkt diesbezüglich: "Man muss hier mit Traditionen und Bestimmungen rechnen, die weit in die vorisraelitische Religionsgeschichte zurückführen und nur annäherungsweise zu fassen sind; für die archaische Zeit wird die Symbolkraft dieser Teile des Schlachttieres von ausschlaggebender Bedeutung gewesen sein".

3 Der Text in seinem Kontext
3.1 Abgrenzung der Texteinheit

V. 1 stellt mit dem Auftritt der Leviten nach dem Königsgesetz (Dtn 17,14–20) den deutlichen Beginn der Texteinheit dar. Während in Dtn 17,20 noch vom Verhalten des Königs und seinem Königtum die Rede ist, tritt eine neue Gruppe der Funktionsträger des Gemeinwesens, die Levitischen Priester, auf. Mit V. 1 beginnt also eine neue thematische Einheit, die nicht mehr die Königsgesetze behandelt, sondern den sozial-rechtlichen Stand der Levitischen Priester sichert.[101]

Auch der Abschluss der Texteinheit kann klar mit V. 8 angegeben werden. Mit V. 8 treten die Levitischen Priester von der Bühne ab, im neuen Abschnitt (Dtn 18,9–22) handelt es sich um inhaltlich neue Themen, wie die Zauberei und die Prophetie. Neben dem thematischen Wechsel ist noch auch V. 9, כִּי אַתָּה בָּא אֶל־הָאָרֶץ אֲשֶׁר־יְהוָה אֱלֹהֶיךָ נֹתֵן לָךְ, zu erwähnen, die als feierliches Incipit von Dtn 18,9–14 dient.[102]

3.2 Vergleich des Textes mit seinem Kontext

Obwohl Dtn 18,1–8 sich deutlich abhebt und innerhalb der Ämtergesetze als gut abgegrenzte Texteinheit zu betrachten ist, ist der Abschnitt aber gleichzeitig eng mit seinem Kontext verknüpft.[103] Hier wird ausschließlich der nähere Kontext, die sogenannten Ämtergesetze (Dtn 16,18–18,22),[104] in den Blick genommen.

---

[101] Es muss aber zugegeben werden, dass V. 1a als Einleitungswendung ziemlich ungewöhnlich ist. Die Mehrheit der neuen Abschnitte der sogenannten Ämtergesetze (Dtn 16,18–18,22) beginnt nämlich mit einer כי-Einleitungswendung: vgl. Dtn 17,2.8.14; 18,9. Eine solche Einleitungswendung findet sich in Dtn 18,1–8 erst in V. 6a.

[102] Einer ähnlichen Einleitung begegnet man auch in Dtn 17,14, wo sie den Beginn einer neuen Texteinheit, nämlich des Königsgesetzes (Dtn 17,14–20), darstellt.

[103] Hierzu treffend CRÜSEMANN, *Tora*, 16: "Rechtssätze haben einen eindeutigen Sinn allein durch den Zusammenhang der rechtlichen Gesamttexte, dessen Teil sie sind".

[104] Ämtergesetze gibt es nicht in den anderen Gesetzessammlungen des Pentateuchs. Sie bilden in Dtn 16,18–18,22 einen "gewaltenteiligen Verfassungsentwurf". Die Diskussion hierzu wurde ausgelöst durch N. LOHFINK, "Die Sicherung des Gotteswortes". BRAULIK, *Deuteronomium 16,18–34,12*, 121, weist darauf hin, dass die Ämtergesetze mit den vorausgehenden Kultgesetzen (12,2–16,17) eine redaktionelle Einheit bilden.

3.2.1 Prä-Kontext

Was den voraufgehenden Kontext anbelangt, kann Folgendes beobachtet werden:

(a) Zwar behandelt der der untersuchten Texteinheit vorausgehende Kontext andere "Ämter" in Israel wie Richter und König, erwähnt nebenbei aber auch die Levitischen Priester und erkennt ihnen sogar wichtige Funktionen zu. Die Levitischen Priester (הַלְוִיִּם הַכֹּהֲנִים) spielen eine Rolle sowohl im Richter- (16,18–17,13) als auch im Königsgesetz (17,14–20): (1) Zunächst werden die Levitischen Priester bzw. der Priester, der vor JHWH Dienst tut, am Zentralgerichtshof neben dem Richter, der da amtieren wird in die Rechtsfindung eingebunden (vgl. 17,8–13).[105] (2) Unmittelbar vor Dtn 18,1–8 werden die Levitischen Priester in Dtn 17,18 nochmals erwähnt, wo für den König eine Abschrift der Tora aus einem Buch, das sich „vor den Levitischen Priestern" befindet, angefertigt wird. Die Levitenthematik in Dtn 18,1–8 wird also in den vorausgehenden Texten schon vorbereitet.

(b) Zwischen Dtn 18,1–8 und den vorhergehenden Levitentexten (17,9.12.18) besteht aber ein wichtiger Unterschied: Während Dtn 18,1–8 auch die Priestereinkünfte behandelt (vgl. Vv. 3–4), setzen sich die vorausgehenden Ämtergesetze ausschließlich mit ihren Funktionen (Richter und Bewahrer der Tora) auseinander (s. noch unten). In diesem Zusammenhang bildet also die Levitenthematik in Dtn 16,18–18,8 ein konstantes Motiv, das die verschiedenen Ämtergesetze zusammenbindet.

(c) Es ist dennoch eine terminologische Besonderheit zu bemerken: Sowohl in Dtn 17,9 als auch in 17,18 ist die Rede von den "Levitischen Priestern" und nicht etwa von "dem/den Leviten" wie in Dtn 18,6–7 oder "den/dem Priester(n)" wie in Dtn 18,3–4.[106]

---

[105] BRAULIK, *Deuteronomium 16,18–34,12*, 122, bemerkt: "Dieser Richter wird immer im Singular und nach den Priestern beziehungsweise dem Priester genannt".
[106] „Der Priester" ohne das Attribut "Levitisch" kommt aber in Dtn 17,12 vor.

3.2.2 Post-Kontext

Bezüglich des nachfolgenden Kontextes ist Folgendes zu beobachten:

(a) Die sogenannten Ämtergesetze behandeln neben dem Richter, dem König und den Levitischen Priestern bzw. Priestern und Leviten auch die Funktion des Propheten (18,9–22, bes. Vv. 15–22). In diesem Prophetengesetz, d. h. im unmittelbaren Post-Kontext von Dtn 18,1–8, spielen die Levitischen Priester keine Rolle mehr. Die Priester (ohne die Beifügung הַלְוִיִּם) treten dann erst in Dtn 19,17 bezüglich weiterer Gerichtsverfahren und in Dtn 20,2 bezüglich des Kriegsgesetzes wieder auf.

(b) Man muss aber festhalten, dass nicht einmal Dtn 18,9–22, das Prophetengesetz, ohne Verknüpfung auf Dtn 18,1–8 folgt. Die Einleitungswendung von Dtn 18,9 (אֲשֶׁר־יְהוָה אֱלֹהֶיךָ נֹתֵן לָךְ כִּי אַתָּה בָּא אֶל־הָאָרֶץ) greift auf Dtn 18,6b (וּבָא בְּכָל־אַוַּת נַפְשׁוֹ אֶל־הַמָּקוֹם אֲשֶׁר־יִבְחַר יְהוָה) zurück und verknüpft die zwei Gesetzesgruppen (18,1–8.9–22) dadurch, dass beide erst am von Gott erwählten bzw. gegebenen Ort zur Geltung kommen. Es ist noch festzustellen, dass dieser Hinweis auf den von JHWH erwählten und gegebenen Ort den Abschnitt Dtn 18,1–8 nicht nur mit Dtn 18,9–22, sondern auch mit den vorangehenden Gesetzen der Ämtergesetzgebung verbindet: vgl. Dtn 16,18; 17,2.8.10.14.

3.2.3 Unterschiede

Wie oben schon angedeutet wurde, weicht Dtn 18,1–8 trotz der deutlichen Verknüpfungen von seinem Kontext in mehrfacher Hinsicht ab:

(a) Zunächst fällt ein thematischer Unterschied auf: Während es in Dtn 18,1–8 vor allem um die Rechte der levitischen Priester geht, behandeln die anderen Ämtergesetze das Verhalten und die Funktion der vorgestellten Amtsträger. Nur Dtn 18,5b nennt die Funktion der Levitischen Priester, indem auf Dtn 10,8–9 zurückgreifend ihr Dienst vor JHWH erwähnt wird.

(b) Daneben weicht auch der Aufbau von Dtn 18,1–8 von den übrigen Ämtergesetzen ab. Während bei diesen die Bestimmung des Geltungsortes (s. auch oben) als Einleitung dient und dadurch die Kultzentralisation vorausgesetzt wird (vgl. Dtn 16,18.20; 17,2.8.14; 18,9), tritt in Dtn 18,1–8 dieses Motiv erst in V. 6 auf.

(c) Weiterhin sind noch die Formen der Rechtssätze zu erwähnen. Der Unterschied besteht darin, dass in den Richter-, Königs- und Prophetengesetzen die sogenannten kasuistischen Rechtssätze überwiegen (vgl. Dtn 17,2–7.8–9.12.14–15; 18,9), in Dtn 18,1–8 dagegen die apodiktischen Rechtssätze das Übergewicht haben, da nur Vv. 6–8 einen kasuistischen Rechtssatz beinhalten.

(d) Schließlich muss der wichtigste Unterschied aufgezeigt werden. Das Spezifikum der Ämtergesetze besteht darin, dass alle Amtsträger gleichermaßen der dtn Tora verpflichtet sein sollen.[107] Sie ist die Grundlage für die Rechtsprechung (vgl. Dtn 17,11), der König soll sie täglich lesen (vgl. Dtn 17,19), der Prophet soll die Worte JHWHs verkünden (vgl. Dtn 18,18). Auch die Levitischen Priester sind im Königsgesetz unmittelbar mit der Tora verbunden, indem sie das "Originalexemplar" der Tora aufbewahren. Dieser Aspekt fehlt aber gänzlich in Dtn 18,1–8.

Fazit. Dtn 18,1–8 zeigt eine komplexe Weise der Eingliederung dieses Abschnitts in seinem näheren Kontext: Einerseits ist der Abschnitt mit dem vorausgehenden und dem nachfolgenden Kontext vielfach verknüpft, anderseits weist er viele gewichtige Abweichungen von seinem Kontext auf, die dem untersuchten Abschnitt im Vergleich zu den übrigen Ämtergesetzen seine Eigenart verleihen. Die folgende schematische Darstellung soll diese komplexe Einbettung des Levitengesetzes in seinen Kontext verdeutlichen.

Prä-Kontext (16,18–17,20)	Dtn 18,1–8	Post-Kontext (18,9–22)
Dtn 17,9.18	Levitische Priester (V. 1)	X
Dtn 17,12	Priester (Vv. 3–4)	X
X	Levit/Leviten (V. 6–7)	X
Dtn 16,18; 17,2.8.10.14	Geltungsort (V. 6b)	Dtn 18,9
Dtn 17,2–7.8–9.12.14–15	Kasuistischer Rechtssatz (Vv. 6–8)	Dtn 18,9
JHWHs Wort und Weisung (dtn Tora): Dtn 17,11.18.19	X	JHWHs Wort und Weisung (dtn Tora): Dtn 18,18

---

[107] Vgl. N. LOHFINK, "Die Sicherung des Gotteswortes", 317–322.

SYNCHRONE LEKTÜRE – EMPIRISCHE TEXTDURCHGÄNGE

4 Beschreibung der Textoberfläche und der Texttiefenstruktur[108]

4.1 Beschreibung der Textoberfläche: Formale Struktur des Textes

4.1.1 Syntaktischer Aufbau der Texteinheit: Anordnung der Verbformen

Folgende Verbformen sind in Dtn 18,1–8 belegt:

(a) *Qatal*. In der gesamten Perikope gibt es nur zwei *qatal*-Formen (V. 2b: דִּבֶּר; V. 5a: בָּחַר). Beide befinden sich in einem Nebensatz und drücken Vergangenheit aus.[109] Die *qatal*-Formen dieser Passage beschreiben mit einer *Flashback*-Technik den Hintergrund des jeweiligen Hauptsatzes: V. 2b hebt hervor, dass die in V. 2a gegebene Anordnung dem Gottes Willen entspricht; V. 5 erklärt das historische Motiv der Priesterprivilegien.

(b) *Yiqtol*. Diese Verbform bildet das Prädikat der Hauptsätze; sie soll in mehrfacher Hinsicht analysiert werden.[110] Die *yiqtol*-Verbform kommt in Dtn 18,1–8 in drei verschiedenen Zusammenhängen vor, die zugleich drei verschiedene Gebrauchsweisen des *yiqtol* widerspiegeln. Zum einen drückt das *yiqtol* einen durativen, nicht-spezifischen negativen Befehl aus, d. h. ein Verbot (לֹא + *yiqtol*).[111] In diesem Gebrauch (Vv. 1a und 2a) besteht keine Zeitbedeutung, es wird kein spezifisches Tempus ausgedrückt, sondern der durative Aspekt des Befehles hervorgehoben. Zum zweiten wird die Mehrheit der *yiqtol*-Formen (Vv. 1b.3a.4.6a.8) modal gebraucht.[112] Beim modalen Gebrauch des *yiqtol* lassen sich mehrere

---

[108] Dieser Abschnitt wurde bereits in leicht überarbeiteter Form veröffentlicht. Vgl. A. BODOR, "Struktur und Dynamik des Levitengesetzes. Deuteronomium 18,1–8", *Scribe, Doce, Praedica* (Hrsg. D. DIÓSI – L. BAKÓ) (Budapest 2022) 367–382.

[109] Es handelt sich also nicht um Verben der Wahrnehmung oder der Beziehung bzw. Zustandsverben (vgl. JM § 112f; WO § 30, bes. 30.4; GK § 116; Lambdin § 44), die sich auch mit dem deutschen Präsens übersetzen lassen.

[110] "The yiqtol is used in the domain of the future with a time value, in the sphere of the present with a time value and an aspect value, in the sphere of the past with an aspect value" (JM § 113b). Darum muss bei der Untersuchung dieser Verbform unbedingt auf Tempus, Aspekt und Modalität Rücksicht genommen werden.

[111] Dieser Ausdruck lässt sich ins Deutsche mit einem Modalverb übersetzen: "Du wirst/sollst niemals etwas tun". Vgl. JM § 114; GK § 109; WO § 34; Lambdin § 102.

[112] Zum modalen Gebrauch der Verben im Hebräischen vgl. A. GIANTO, "Mood and Modality in Classical Hebrew", *IOS* 18 (1998) 183–198. Vgl. auch JM § 113l-n.

Nuancen feststellen.¹¹³ In Dtn 18,1–8 zeigen sich zwei Typen des Modalgebrauchs: In Vv. 1b.3a.4.8 lässt sich der deontologische Modalgebrauch des *yiqtol* erkennen,¹¹⁴ der einen positiven Befehl ausdrückt und mit "sollen" übersetzt wird; in V. 6a lässt sich das *yiqtol* mit dem Hilfsverb "wollen" verbinden.¹¹⁵ Schließlich kommt eine *yiqtol*-Form in einem Nebensatz (V. 6b) vor, der eine proleptische Funktion zuschreiben ist. Das *yiqtol* in V. 6b drückt also auch ein Tempus aus und lässt sich durch ein Futur übersetzen.

(c) *Weqatalti*. In der untersuchten Passage sind auch drei *weqatalti*-Formen (Vv. 3b.6b.7) belegt. Alle drei *weqatalti* folgen einer *yiqtol*-Form und sind als ihre zeitliche/logische Folge zu verstehen. Mit anderen Worten, die *weqatalti*-Formen drücken dieselbe Idee aus wie die ihnen vorangehende *yiqtol*-Form, wobei das *waw* von *weqatalti* auf eine bestimmte Sequentialität zwischen *yiqtol* und *weqatalti* hinweist.¹¹⁶

(d) *Partizip*. Im Text kommen auch drei Partizipformen vor. Die Partizipien in Vv. 3a und 7b (זֹבְחֵי ;הָעֹמְדִים) werden substantiviert gebraucht. Demgegenüber wird das Partizip in V. 6a (גָר) prädikativ gebraucht und bildet das Prädikat des Nebensatzes אֲשֶׁר־הוּא גָּר שָׁם.¹¹⁷ Sowohl als Subjekt wie als Prädikat drücken die belegten Partizipformen eine andauernde bzw. im Verlauf befindliche Handlung aus.¹¹⁸

---

¹¹³ "Apart from aspects, certain temporal forms can, to some extent, express some moods which are usually expressed in many languages by semi-auxiliaries such as *can, must, will*" (JM § 111g).

¹¹⁴ Das *yiqtol* im modalen Gebrauch lässt sich aber nicht mit dem Jussiv identifizieren. Zwar stimmt die Funktion des *yiqtol* mit modaler (deontischer) Nuance mit der Funktion des Jussivs überein, für die Jussivformen gibt es in manchen Fällen eine besondere (gekürzte) Form (vgl. WO § 34.2.1). Wenn es also keine formale Veränderung in der *yiqtol*-Form vorhanden ist, ist es aus formaler Sicht besser, von *yiqtol* zu sprechen.

¹¹⁵ So auch JM § 113n: "if he wants to come".

¹¹⁶ J. JOOSTEN, *The Verbal System of Biblical Hebrew* (JBS 10; Jerusalem 2012) 290, beschreibt diese Funktion von *weqatalti* treffend: "It [*sc. weqatalti*] does not act upon the verbal form, but serves to distinguish modal from non-modal QATAL. At the same time the *waw* preserves its meaning as a conjunction. Even where it occurs at the beginning of a discourse unit, WEQATAL usually signals that the discourse links up with something".

¹¹⁷ Die Form von גָר lässt sich morphologisch sowohl als *qatal* wie auch als *Partizip* betrachten. Die Konstruktion des Nebensatzes und der Kontext legen aber ein Partizip nahe. Vgl. WO § 37.6a: "A participle is often used as the predicate of a verbless clause. The subject is usually expressed, often as an independent pronoun".

¹¹⁸ Vgl. JM § 121c; WO § 37.1a; Lambdin § 26.

(e) *Infinitivus constructus.* Schließlich sind die zwei inf. cs. in V. 5b zu erwähnen. Das vorausgehende ל macht die Interpretation der beiden inf. cs. eindeutig. Mit ל hat der inf. cs. eine finale oder konsekutive Bedeutung.[119] Aufgrund des Kontextes ist hier die finale Bedeutung ("damit", "um zu") vorzuziehen. Die Besonderheit in V. 5b besteht darin, dass die zwei inf. cs. nicht durch ein *waw* verbunden sind. Das weist darauf hin, dass der zweite inf. cs. (לְשָׁרֵת) dem ersten (לַעֲמֹד) untergeordnet ist. Darum lässt sich V. 5b folgendermaßen übersetzen: *"damit er dasteht, um im Namen JHWHs Dienst zu verrichten".*

Aus den Verbformen ergibt sich folgendes syntaktische Profil von Dtn 18,1–8:

	Nebensatz	Hauptsatz	Nebensatz
V. 1a		*x+yiqtol* (durative Prohibition)	
V. 1b		*x+yiqtol* (modaler Gebrauch)	
V. 2a		*waw x+yiqtol* (durative Prohibition)	
V. 2b		Nominalsatz	*x*(כאשר)*+qatal*
V. 3a 3b		*waw x+yiqtol* (modaler Gebrauch) *weqatalti*	
Vv. 4 5		*x+yiqtol* (modaler Gebrauch)	*x*(כי)*+qatal* inf. cs. + inf. cs.
Vv. 6a 6b 7 8	*waw x*(כי)*+yiqtol* *x*(אשר) *+ Partiz.* *weqatalti* *x*(אשר)*+yiqtol* *weqatalti*	*x+yiqtol* (modaler Gebrauch)	

---

[119] Vgl. JM § 124l; GK § 114f-p; WO § 36.2.3; Lambdin § 115.

Fazit: Wie das Schema oben zeigt, gliedert sich Dtn 18,1–8 in sieben Sätze,[120] und aus syntaktischer Sicht ergeben sich zwei Teile:
- in Vv. 1–5 befinden sich fünf kurze, negative bzw. positive Befehle ausdrückende Sätze;
- Vv. 6–8 bilden ein langes konditionales Gefüge.

4.1.2 Formkritische Überlegungen[121]

Die Gattung eines Textes lässt sich als ein "Kommunikationsprogramm" betrachten, das sowohl eine inhaltliche als auch eine formale Seite hat.[122] Zwar wird hier Dtn 18,1–8 vor allem auf seine Formelemente hin analysiert, doch dürfen die Formelemente nicht vom Inhalt isoliert werden.[123] Wie schon aufgezeigt wurde, gehört Dtn 18,1–8 zum Gesetzeskorpus des Buches Deuteronomium und schließt sich an die sogenannten Ämtergesetze (Dtn 16,18–18,22) an, die einen "gewaltenteiligen Verfassungsentwurf" vorlegen.[124]

Inhaltlich handelt es sich in Dtn 18,1–8 um Rechtssätze, die negative bzw. positive Befehle enthalten. Dieser Inhalt fordert aber keine festen Formelemente,

---

[120] Der Nominalsatz in V. 2b bildet einen Hauptsatz mit einem Nebensatz, aber er kann nicht als völlig unabhängig von V. 2a betrachtet werden, da er die Funktion eines Erklärungssatzes hat, der für das Verständnis von Vv. 1–2, bes. 2a, nähere Angaben einfügt.

[121] Es gibt in der alttestamentlichen Exegese eine terminologische Unklarheit bezüglich der Verwendung der Bezeichnungen Gattung und Form. Während einige Exegeten (vgl. z. B. W. Richter, *Exegese als Literaturwissenschaft. Entwurf einer alttestamentlichen Literaturtheorie und Methodologie* [Göttingen 1971] 72–152) versuchen, zwischen Form und Gattung eines Textes zu unterscheiden, setzen andere (vgl. z. B. K. Koch, *Was ist Formgeschichte? Methoden der Bibelexegese* [Neukirchen-Vluyn ⁵1989] 3–20) die Form eines Textes mit seiner Gattung gleich, da der Übergang vom einen zum anderen fließend ist.

[122] "Eine Gattung ist deshalb durch eine typische Abfolge von Themen und ein Set mehr oder weniger typischer Formelemente der Textoberfläche gekennzeichnet" (H. Utzschneider – S. A. Nitsche, *Arbeitsbuch literaturwissenschaftliche Bibelauslegung. Eine Methodenlehre zur Exegese des Alten Testaments* [Gütersloh 2001] 118).

[123] In diesem Sinne hängt also die Analyse der Textoberfläche mit der Untersuchung der Texttiefenstruktur und der Textdynamik zusammen.

[124] Lohfink, "Die Sicherung des Gotteswortes", 305–323.

die unbedingt zu berücksichtigen wären. Das einzige, was sich aus formaler Sicht festhalten lässt, ist die Aufteilung in zwei Typen von Rechtssätzen:[125]
- apodiktische Rechtssätze (Vv. 1–5);
- ein kasuistischer Rechtssatz (Vv. 6–8).

(a) Die *apodiktischen Rechtssätze* in Vv. 1–5 zeigen folgendes Profil:

Verse	Typus	Verse	Typus
V. 1a	Prohibitiv	V. 3a	Anordnung
V. 1b	Entfaltung des Prohibitivs	V. 3b	→ Entfaltung der Anordnung
V. 2a	Prohibitiv	V. 4	Anordnung
V. 2b	Entfaltung des Prohibitivs	V. 5	→ Begründung der Anordnung

Wie das Schema zeigt, lassen sich in Vv. 1–5 zwei Gruppen erkennen: Vv. 1–2 enthalten zwei Prohibitive (Vv. 1a und 2a), die jeweils entfaltet werden. Vv. 1b und 2b hängen sehr stark von den jeweiligen vorausgehenden Prohibitiven ab.[126] Sie lassen sich als Hintergrund (*background*) der Prohibitive verstehen, wobei die Prohibitive sich auch in dieser Weise wiedergeben lassen: "die Levitischen Priester sollen weder Anteil noch Erbbesitz haben, (denn) die Feueropfer JHWHs sollen sie essen"; "Er soll keinen Erbbesitz haben, denn sein Erbbesitz

---

[125] Die Unterscheidung ist zuerst durch A. ALT, "Die Ursprünge des israelitischen Rechts", DERS. *Kleine Schriften zur Geschichte des Volkes Israel*, I (München ⁴1968) 278–332, formuliert wurde. Er betrachtet als apodiktische Rechtssätze die "Talionsformel", die "Todesrechtssätze", die "Fluchtsätze" und die "Prohibitivsätze". Diese Kategorisierung der apodiktischen Rechtssätze von Alt wurde zwar überarbeitet bzw. anhand des besseren Verständnisses der altorientalischen Rechtssätze verbessert (vgl. E. S. GERSTENBERGER, *Wesen und Herkunft des „apodiktischen Rechts"* [WMANT 20; Neukirchen-Vluyn 1965]), doch bleibt sie als Ausgangspunkt für die jeweilige Diskussion. Wegen der besseren Übersichtlichkeit des Aufbaus von Dtn 18,1–8 setzt sich jedoch die vorliegende Arbeit nicht mit den feinen Unterschieden der verschiedenen apodiktischen Rechtssätze auseinander, sondern betrachtet alle "nicht kasuistische" Rechtssätze als apodiktische Rechtssätze. In Dtn 18,1–8 werden also Vv. 1–5 für apodiktische Rechtssätze gehalten, die aber wie das Schema zeigt verschiedene Nuancierungen aufzeigen. Die kasuistischen Rechtssätze, wie hier Vv. 6–8, konstruieren einen Rechtsfall und benennen für dessen Eintreten eine Rechtsfolgebestimmung. Zu einer kurzen Beschreibung dieser Rechtssätze vgl. M. BAUKS – C. NIHAN (Hrsg.), *Manuale di esegesi dell'Antico Testamento* (Bologna 2010) 94–95.

[126] Der Nominalsatz in 2b lässt sich sowohl in voluntativen als auch in indikativischen Sinn übersetzen. Die vorausgehende Prohibitiv legt aber den voluntativen Sinn nahe.

ist/sei JHWH". Vv. 3–5 zeigen ein anderes Profil, da es keine Prohibitive, sondern nur Anordnungen gibt. Diese legen aber eine ähnliche Zusammengehörigkeit nahe, wie sie bezüglich der ersten Gruppe schon aufgezeigt wurde. In Vv. 3a und 4 befindet sich je ein *yiqtol* mit deontischem Gebrauch, das den Kern der positiven apodiktischen Rechtssätze bildet. Diesen Sätzen (3a und 4) werden dann je zwei Sätze untergeordnet (V. 3b – *weqatalti;* V. 5 – Nebensatz mit *qatal*), die ähnlich zu Vv. 1b und 2b als Hintergrund funktionieren, indem sie den Inhalt der vorausgehenden Rechtssätze entfalten oder erklären: "Das soll das Recht der Priester sein... man soll dem Priester geben"; "den ersten Ertrag von Korn usw. sollst du ihm geben, denn ihn hat JHWH... erwählt...".

(b) Demgegenüber findet sich in Vv. 6–8 ein einziger *kasuistischer Rechtssatz*, der sich folgendermaßen aufteilen lässt.

Verse	Protasis → Tatbestand	Verse	Apodosis → Rechtsfolgebestimmung
V. 6a	1ª Protasis	V. 8	Apodosis
V. 6b	→ Entfaltung der 1ª Protasis		
V. 7	2ª Protasis		

Bei dieser Konditionalperiode ist die Anomalie ihres Aufbaues festzuhalten. Während die Protaseis ein sehr komplexes Profil zeigen, enthält die Apodosis eine einzige Rechtsfolgebestimmung. Die Protaseis umschreiben sehr detailliert den Kasus, dem in der Apodosis eine einzige Rechtsvorschrift gegenüber gestellt wird.

Fazit: Aus formalem Blickwinkel lassen sich die Rechtssätze in drei Gruppen sortieren:

- Vv. 1–2 mit je einer negativen und einer positiven Anordnung;
- Vv. 3–5 mit zwei positiven Anordnungen, die jeweils entfaltet werden;
- Vv. 6–7 mit einem langen kasuistischen Rechtssatz.

4.1.3 Formale Gesamtstruktur

Aufgrund der vorangehenden Analyse lässt sich Dtn 18,1–8 in zwei (Vv. 1–5 + 6–8) bzw. in drei (Vv. 1–2; 3–5; 6–8) Einheiten aufteilen. Nun wird untersucht, ob diese grobe Aufteilung auch durch Wiederaufnahme der gleichen Lexeme begründet bzw. in weitere textliche Untereinheiten aufgeteilt werden kann.

SYNCHRONE LEKTÜRE – EMPIRISCHE TEXTDURCHGÄNGE

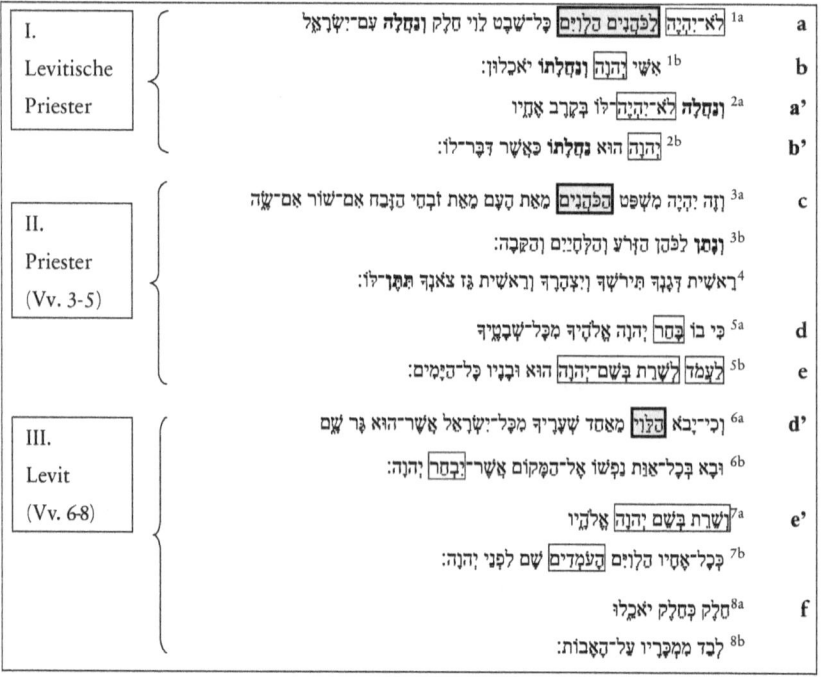

Die in der vorausgehenden Analyse aufgezeigten zwei großen Teile (Vv. 1–5 und 6–8) lassen sich in weitere Teile strukturieren. Wie das Schema zeigt, lässt sich Dtn 18,1–8 aus formaler Sicht in *drei Untereinheiten* teilen: Vv. 1–2; 3–5 und 6–8.[127] Diese dreifache Aufteilung der Passage basiert vor allem auf dem Vokabular des Textes, aber berücksichtigt auch die behandelten Themen.

---

[127] Diese Aufteilung wird auch durch das *Sela* (ס) des MT am Ende von Vv. 2, 5 und 8 unterstützt. Demgegenüber teilt W. BRUEGGEMANN, *Deuteronomy* (AOTC; Nashville 2001) 188, die Passage nur in zwei Untereinheiten auf: Vv. 1–5 und 6–8. Die Aufteilung zwischen Vv. 1–5 und 6–8 lässt sich zwar rechtfertigen (vgl. 4.1.1 und 4.1.2), berücksichtigt jedoch nicht die weiteren formellen und inhaltlichen Verknüpfungen innerhalb des Textes (vgl. auch 4.2), die die Aufteilung in drei Untereinheiten (Vv. 1–2; 3–5; 6–8) nahelegen. So auch J. R. LUNDBOM, *Deuteronomy. A Commentary* (Grand Rapids 2013) 543–544.

BESCHREIBUNG DER TEXTOBERFLÄCHE UND DER TEXTTIEFENSTRUKTUR

(a) Zunächst bilden Vv. 1–2 eine eigene Einheit. Sie handelt von den "Levitischen Priestern" und wird von נַחֲלָה (4 Mal) zusammengehalten. Dieses Lexem erlaubt, diese erste Einheit in vier Teile aufzuteilen, die einen Parallelismus bilden: a (V. 1a) und a' (V. 2a) enthalten jeweils einen Prohibitiv (לֹא־יִהְיֶה), der den Levitischen Priestern einen Erbbesitz (נַחֲלָה) verweigert; b (V. 1b) und b' (V. 2b) entfalten ihrerseits dieses Verbot, indem sie JHWH als den Erbbesitz der Levitischen Priester bezeichnen. Diese erste Einheit erweist sich also durch die Wiederholung von נַחֲלָה (a, b, a', b'), לֹא־יִהְיֶה (a, a') und יְהוָה (b, b') als sehr homogen.

(b) In der zweiten Einheit (Vv. 3–5) geht es um das Recht der "Priester" und die Opferpflicht des "Volkes". Diese Einheit führt ein neues Thema und ein neues Subjekt bzw. Objekt ein. Es handelt sich nicht mehr um die Levitischen Priester, sondern um den Priester und das Volk, und setzt sich nicht mit der Erbbesitzthematik, sondern mit dem Priesterunterhalt auseinander. Das charakteristische Verb dieser Einheit ist נתן, d. h. das Hauptproblem von Vv. 3–4 besteht darin, was dem Priester zu "geben" ist. V. 5 hat eine besondere Rolle in der zweiten Einheit. Wie oben aufgezeigt wurde, ist dieser Vers aus syntaktischen und formkritischen Gründen mit V. 4 verknüpft, da er den Nebensatz (vgl. 4.1.1) und die Entfaltung des apodiktischen Rechtsatzes (vgl. 4.1.2) von V. 4 bildet. Der Wortvorrat und das Thema von V. 5 weichen aber vollkommen von Vv. 3–4 ab. V. 5 hebt zum einen die Erwählungsthematik (בחר), zum anderen den Dienst (שרת – עמד) hervor. Diese zwei Themen verweisen aber nicht so sehr auf die Priester, sondern auf den Stamm Levi, dessen Erwählung und Aufgabe in Dtn 10,8 schon beschrieben wurde. Das Thema deutet die Levitenthematik an, und auch das Vokabular verbindet V. 5 mit Vv. 6–7, die dann von den Levitenrechten handeln. Wenn V. 5 und Vv. 6–7 zusammen gelesen werden, lässt sich sogar ein Parallelismus zwischen beiden Einheiten erkennen: Erwählung der Leviten/Priester durch JHWH (d; V. 5a) – Erwählung des Kultortes (d'; V. 6); Dienst im Namen JHWHs (e; V. 5b) – Dienst der Leviten am Kultort (e'; V. 7). V. 5 hat also strukturell die Funktion, Vv. 3–4 (Priesterrechte) mit Vv. 6–7 (Levitenrechte) zusammenzubinden.

(c) Die dritte Einheit (Vv. 6–8), die ein einziges konditionales Gefüges bildet und dadurch sowohl syntaktisch als formkritisch von den vorausgehenden Versen abweicht, stellt schließlich den "Leviten" ins

Zentrum. Wie eben aufgezeigt wurde, ist die Verknüpfung zwischen dieser letzten Einheit und dem V. 5 der zweiten Einheit strukturell deutlich. Darüber hinaus ergibt sich zwischen dem Anfang (V. 1) und dem Ende (V. 8) des analysierten Abschnitts eine Inklusion: sowohl V.1 als auch V. 8 sprechen nämlich das Thema des Anteils (חֵלֶק – חֵלֶק כְּחֵלֶק) und des Essens (יֹאכֵלוּ – יֹאכֵלוּן) an. Durch diese Inklusion schließt sich also die dritte Einheit nicht nur an die zweite Einheit, sondern auch an die erste Einheit an.

Fazit: Diese Analyse zeigt ein komplexes Profil des untersuchten Abschnitts: Zum einen lassen sich verschiedene Texteinheiten strukturell voneinander abgrenzen; zum anderen sind die so abgegrenzten Einheiten durch mehrfache Verknüpfungen (lexikalisch und thematisch) miteinander verbunden.[128] Dtn 18,1–8 enthält zwar mehrere, thematisch und lexikalisch verschiedene Rechtssätze, die Verknüpfungen binden sie jedoch fest zusammen und erstellen ein Ganzes, d. h. einen selbstständigen (vgl. die Inklusion in Vv. 1 und 8) und relativ homogenen Vorschriftenkomplex (vgl. die mehrfachen Verkettungen zwischen den Einheiten), der das Leben einer levitisch-priesterlichen Gruppe regeln soll.

4.2 Beschreibung der Texttiefenstruktur: Dynamik des Textes
4.2.1 Vv. 1–2

Vv. 1–2 beginnen die Gesetzgebung hinsichtlich der Versorgung der Kultpersonen mit zwei Prohibitiven (1a; 2a) und je zwei die Verbote begründenden theologischen Argumenten (1b; 2b). Wie aufgezeigt wurde, weisen sowohl die formkritischen als auch die strukturellen Analysen auf die Zusammengehörigkeit und die Homogenität der beiden Verse hin. Die Einheit der ersten zwei Verse wird vor allem durch das gleiche Subjekt ("levitische Priester" bzw. "der ganze Stamm Levi"), das gleiche Thema ("Erbbesitz") und die gleiche Argumentation ("JHWH ist der Erbbesitz der levitischen Priester/ des Stammes Levi") nahegelegt. Viele Studien betrachten jedoch die Vv. 1–2 nicht als zusammengehörig, sondern halten V. 2 für sekundär und plädieren dafür, dass Vv. 1 und 3 einen ursprünglichen literarischen Zusammenhang

---

[128] Die lexikalischen Verknüpfungen in Dtn 18,1–8 sind unanfechtbar, selbst wenn sie einem späteren Redaktor zuzuschreiben sind. Vgl. R. D. NELSON, *Deuteronomy. A Commentary* (OTL; Louisville – London 2002) 229.

bilden.¹²⁹ Die Hauptargumente dafür sind der Numeruswechsel (V. 1 ist pluralisch konstruiert, V. 2 steht in der 3. Pers. Sing.) und der wiederholende Charakter von V. 2.¹³⁰

Es ist zwar entstehungsgeschichtlich denkbar, dass V. 2 zu V. 1 später hinzugefügt wurde, doch bleibt V. 2 in der Endgestalt des Gesetzes nicht "sekundär". Was den Numeruswechsel anbelangt, wird später aufgezeigt (vgl. 1.2 in Kap. III), welche Wirkung der mehrfache Numeruswechsel in der gesamten Passage auf die Adressaten hat;¹³¹ hier genügt es festzuhalten, dass der Übergang vom Plural zum Singular sich auch grammatikalisch erläutern lässt. Denn der Singular in V. 2 kann sich auf den Stamm Levi (Sg.) beziehen, der als Apposition den "levitischen Priestern" nachgestellt ist. Anderseits hat V. 2 inhaltlich eine wichtige Funktion, indem er V. 1 nicht einfach wiederholt, sondern thematisch entfaltet und weiterentwickelt. V. 2 hat also in der "Kommunikation" zwischen dem Gesetzgeber und seinen Adressaten eine tragende Rolle.

V. 1a nennt die levitischen Priester und identifiziert sie mit dem ganzen Stamm Levi, dann gibt er ihr wichtigstes Attribut an, die Landbesitzlosigkeit, die sich als Leitmotiv durch den ersten Teil des Rechtskorpus (Dtn 12–18) zieht.¹³² V. 1b setzt die Prohibitive mit einer Erklärung fort, die den levitischen Priester die אִשֵּׁי יְהוָה zuschreibt.¹³³ In diesem ersten Vers ist schon eine bestimmte dynamische Entwicklung zu bemerken. V. 1b greift נַחֲלָה wieder auf, aber mit einer neuen Konnotation. Denn theoretisch kann sich das Suffix

---

¹²⁹ S. z. B. RÜTERSWÖRDEN, *Von der politischen Gemeinschaft zur Gemeinde*, 70f; DAHMEN, *Leviten und Priester im Deuteronomium*, 273–277.

¹³⁰ RÜTERSWÖRDEN, *Von der politischen Gemeinschaft zur Gemeinde*, 70, plädiert für literarischen Zusammenhang von Vv. 1.3 aufgrund einer Analogie zu Dtn 15,1f: "Auf den Themasatz... folgt dort [*sc.* in Dtn 15,1] direkt die Einleitung des Gesetzes... Eine solche direkte Abfolge ist im Priestergesetz durch V. 2 unterbrochen; scheidet man ihn aus, ergibt sich ein folgerichtiger Zusammenhang: V. 1 legt dar, worauf die Priesterschaft keinen Anspruch hat; V. 3 dagegen, was ihr zusteht". Vgl. auch U. RÜTERSWÖRDEN, *Das Buch Deuteronomium* (NSK.AT 4; Stuttgart 2006) 122.

¹³¹ V. 1: Pl. → V. 2: Sg; V. 3a: Pl. → Vv. 3b-5: Sg; Vv. 6–7: Sg. → V. 8: Pl.

¹³² Vgl. כִּי אֵין לוֹ חֵלֶק וְנַחֲלָה in Dtn 12,12; 14.27.29.

¹³³ Das Argument von Rütersworden (s. Anm. 130), dass erst V. 3 den Priestertarif bestimme, gilt also nicht, da schon V. 1b das Recht der levitischen Priester, also der gesamten Priesterschaft, auf die Opfer regelt und dadurch schon auf V. 3 vorausweist.

von נַחֲלָתוֹ sowohl auf JHWH[134] als auch auf den Stamm Levi[135] beziehen. Diese Doppeldeutigkeit wurde in der Übersetzung bewusst beibehalten, da der MT sie selbst nahelegt. Unabhängig davon, für welche Übersetzung optiert wird, ist es aber für die Dynamik des Textes wichtig, dass der Erbbesitz der levitischen Priester von V. 1b an durch den Einschub von אִשֵּׁי יְהוָה fest mit den JHWH darzubringenden Opfern verknüpft ist. In diesem Zusammenhang gewinnt das zentrale Wort der ersten Einheit, נַחֲלָה, bei seinem zweiten Vorkommen einen neuen Sinngehalt.

V. 2, der wegen seines wiederholenden Charakters von vielen Exegeten als "sekundär" erklärt wurde, setzt diese Dynamik, d. h. die Entwicklung des Sinngehaltes von נַחֲלָה, fort. Es handelt sich hier nicht um eine bloß sekundäre Erweiterung von V. 1, sondern um eine parallele Konstruktion, die einerseits den Inhalt von V. 1 wiedergibt, andererseits – wie es beim hebräischen Parallelismus üblich ist (a' ist mehr als a) – den Sinn und die Bedeutung des vorausgehenden Verses vertieft und entfaltet. Die Dynamik von V. 2 lässt sich folgendermaßen beschreiben: (1) לַפֹּהֲנִים הַלְוִיִּם (Pl.) → לוֹ (Sg.), d. h. die levitischen Priester treten schon als eine zusammengehörende Einheit auf; (2) יִשְׂרָאֵל → אֶחָיו, d. h. es ist nicht mehr von einem Volk die Rede, sondern von "Brüdern"; (3) אִשֵּׁי יְהוָה → יְהוָה הוּא נַחֲלָתוֹ, d. h. als "Erbbesitz" sind nicht nur manche Opferanteile den levitischen Priestern zugesagt, sondern JHWH selbst.

Doch die wichtigste Änderung in V. 2 stellen nicht die oben aufgezeigten drei Variationen dar, sondern der Schluss des Verses: כַּאֲשֶׁר דִּבֶּר־לוֹ. Durch den Hinweis auf die Zusage JHWHs wird die Gesetzgebung hinsichtlich der levitischen Priester bzw. des ganzen Stammes Levi in eine andere kommunikative Situation versetzt und dadurch auch die Wirkung des Textes verändert (s. Kap. III, 4.1).

---

[134] So z. B. KRINETZKI, *Rechtsprechung und Amt im Deuteronomium*, 75; N. LOHFINK, "Rezension zu U. Rütersworden", *ThLZ* 113 (1988) 429; BRAULIK, *Deuteronomium 16,18–34,12*, 131.
[135] So die LXX (ὁ κλῆρος αὐτῶν). Vgl. zur Argumentation für dieses Verständnis DAHMEN, *Leviten und Priester im Deuteronomium*, 267–268.

4.2.2 Vv. 3–5

Vv. 3–5 bilden eine weitere Untereinheit, die sich von den Vv. 1–2 sowohl thematisch als semantisch abhebt.[136] Es ist anzumerken, dass sich in dieser Untereinheit, wie sich aus den vorausgehenden Analysen ergibt, sowohl thematisch als auch semantisch die Entwicklung des Gesetzes gabelt in zwei sich deutlich voneinander abhebende Teile: Während Vv. 3–4 sich ausschließlich mit dem Priestertarif auseinandersetzen, stellt V. 5 eine Vv. 1b und 2b ähnliche theologische Begründung dar, und sein Vokabular weist auf Vv. 6–7 voraus.

Vv. 3–4 konzentrieren sich auf das Thema der Opfer. Es ist aber wichtig festzuhalten, dass das Thema der Opfergaben sich nicht völlig von Vv. 1–2 und 5 (dem Thema der engen Beziehung der levitischen Priester zu JHWH) abheben, da durch die Opfer das spezielle Verhältnis der Priester zu Gott zustandekommt (s. V. 5). Weiterhin kommt durch die Opfer auch eine Beziehung zwischen dem Volk und den Priestern zustande. Aus textpragmatischer Sicht ist es noch interessant, dass die typisch dtn Anrede in der 2. Person Sing., die in Vv. 1–3 noch fehlt, in V. 4 erscheint (תִּתֶּן). Die dtn Redesituation ist in Vv. 3–4 auch dadurch hergestellt, dass die *yiqtol*-Verben neben ihrem volitiven Gebrauch auch futurisch aufzufassen sind.[137]

V. 5 ist zwar thematisch und semantisch von Vv. 3–4 abgehoben, aber durch כִּי explizit mit vorangehenden Versen verbunden. Es stellt sich aber die Frage, ob sich dieser Begründungssatz auf das gesamte bisherige Levitengesetz oder nur auf den letzten Teil, d. h. Vv. 3–4, bezieht. Eine Antwort lässt sich aus der bisherigen Dynamik der Passage und dem Inhalt von V. 5 erschließen. Einerseits, wenn man von der Dynamik und dem Aufbau von Vv. 1–2 ausgeht, ist es plausibel, dass sich V. 5 auf das Gesetz von 3–4 bezieht und es in ähnlicher Weise wie V. 2 theologisch begründet. So erscheinen in Vv. 1–5 zwei ähnlichen Konstruktionen: Gesetz/Vorschrift (V. 1 und V. 3–4) mit je einer theologischen Begründung (V. 2 und V. 5). Anderseits scheint die in V. 5 enthaltene Begründung (das Recht der Priester, einen Dienst zu verrichten) eher die Opferpraxis von Vv. 3–4 zu legitimieren

---

[136] Denn es handelt sich nicht mehr um "levitische Priester / den Stamm Levi" und "ihre Brüder", sondern um "Priester" und "das Volk"; die Prohibitive setzen sich hier nicht mehr fort, sondern die *yiqtol*-Verbalformen übernehmen ihre Rolle und scheinen eine modale Nuance ("sollen") auszudrücken.

[137] DAHMEN, *Leviten und Priester im Deuteronomium*, 277, notiert treffend: "Mose spricht hier ein Gesetz, das in Zukunft (nach der Landnahme) gelten soll".

als für die Landbesitzlosigkeit der levitischen Priester (Vv. 1–2) zu plädieren.

Die zwei Untereinheiten (Vv. 1–2 und 3–5) stellen aber doch nicht zwei getrennte Gesetze dar, sondern erscheinen durch die theologischen Begründungssätze (Vv. 2 und 5) als zwei aufeinander bezogene und einander ergänzende Normen, bei welchen sich sogar eine gewisse Entwicklung beobachten lässt.[138] Denn während in V. 2 die Zusage JHWHs (כַּאֲשֶׁר דִּבֶּר־לוֹ) die Landbesitzlosigkeit und die spezielle Beziehung zu JHWH (יְהוָה הוּא נַחֲלָתוֹ) der levitischen Priester begründet, legitimiert V. 5 das Recht der Priester (מִשְׁפַּט הַכֹּהֲנִים) durch eine Erwählungstat des Herrn (כִּי בוֹ בָּחַר יְהוָה). Es geht in V. 5 nicht mehr um ein Wort, sondern um eine Tat JHWHs. Auch der Status der Leviten wird in V. 5 weiterentwickelt: Während in V. 2 nur von einem besonderen Verhältnis zwischen JHWH und den levitischen Priestern die Rede ist, stellen die Priester oder der Stamm Levi (בוֹ) die Kultpersonen dar, die einen speziellen Dienst verrichten (לַעֲמֹד לְשָׁרֵת). Wie schon erwähnt wurde, weist diese Thematik gleichzeitig schon auf die Vv. 6–7 voraus.

4.2.3 Vv. 6–8

Vv. 6–8 setzen inhaltlich-thematisch – durch *waw* jedoch syndetisch an den vorangehenden Kontext angeschlossen – etwas Neues ein. Formal beginnt mit V. 6 ein konditionales Gefüge, das die Vv. 6–8 umfasst. Es handelt sich hier nicht mehr um die "levitischen Priester" von Vv. 1–2 oder die "Priester" von Vv. 3–5, sondern um den Kasus eines einzelnen Leviten.

Durch das Vokabular besteht jedoch auch bei dieser Untereinheit ein Bezug zu den vorausgehenden Einheiten: (1) das Motiv der Dienstverrichtung des Leviten (וְשֵׁרֵת), weist auf V. 5 zurück; (2) der Anteil (חֵלֶק), den der am zentralen Kultort Dienst verrichtende Levit erhalten soll, greift das Thema von Vv. 1–2 auf. Die wichtigste Modifizierung hinsichtlich der Terminologie besteht in der Änderung des Objektes von בחר: Während בחר in V. 5 auf die Erwählung der Priester / des Stammes Levi hingewiesen hat, bezieht sich in V. 6 die Erwählung auf den Kultort. Die letzte Untereinheit verschiebt also die Aussage des Gesetzes von der Besonderheit der Gottesbeziehung der

---

[138] Gegen RÜTERSWÖRDEN, *Von der politischen Gemeinschaft zur Gemeinde*, 71, der die These vertritt, dass V. 5 sich ausschließlich auf Vv. 3–4 bezieht, ohne anschließend einen Bezug zu V. 2 herzustellen.

levitischen Priester bzw. Priester hin zu Regelungen am zentralen Kultort. Der Sinn von Vv. 6–8 ist jedoch ohne die vorangehenden zwei Untereinheiten nicht ganz verständlich. Denn Vv. 1–5 erhellen den Hintergrund, warum ein Levit im Namen JHWHs Dienst verrichten und überhaupt einen Anteil erhalten kann bzw. soll.

In diesem Zusammenhang scheinen Vv. 6–8 nicht so sehr ein neues Thema einzuführen, als die vorausgehenden zwei Untereinheiten zusammenzufassen und die "theoretischen" Gesetze (Vv. 1–5: apodiktische Rechtssätze) durch ein "konkretes" Beispiel (Kasus) zu erhellen. Denn der Levit, der am zentralen Kultort Dienst verrichtet, verwirklicht alles, was Vv. 1–5 anordnen, d. h. das Recht auf einen Anteil (Vv. 1–2) und das Recht auf den Dienst vor dem Herrn.

Hier erscheint noch eine andere Entwicklung, die bisher noch nicht angesprochen wurde. Es geht darum, dass das "Milieu" sich in jeder Untereinheit ändert. Während in Vv. 3–5 das Recht der Priester innerhalb des Volkes, d. h. unter allen anderen Stämmen (מִכָּל־שְׁבָטֶיךָ) definiert wird, thematisieren Vv. 6–8 das "Recht" der Levitenpriester innerhalb ihres eigenen Stammes.[139] Es scheint, dass Vv. 1–2 diese Doppeldynamik zusammenfassen, indem die besondere Position der levitischen Priester sowohl gegenüber den anderen Stämme (vgl. V. 1) als auch gegenüber "ihren Brüdern" (vgl. V. 2) legitimiert wird.

Fazit: In Dtn 18,1–8 ist eine dynamische Entwicklung zu erkennen, die sich wie folgt zusammenfassen lässt:[140]

- Vv. 1–2 empfehlen sich als eine "Einleitung", die das Thema das Gesetzes knapp zusammenfasst, das von Vv. 3–8 dann entfaltet wird: die Opfergaben (אִשֵּׁי יְהוָה) → Vv. 3–5: Priestertarif und Dienst im Namen des Herrn; Anteil (חֵלֶק) → Vv. 6–8 (s. bes. V. 8); die Rolle der levitischen

---

[139] Das 2ps Suffix von שְׁבָטֶיךָ weist jedoch darauf hin, dass auch Vv. 6–8 Israel, d. h. dem opfernden Volk, adressiert werden. Vgl. Kap. III, 1.

[140] D. L. CHRISTENSEN, *Deuteronomy* (WBC 6A; Dallas 1991) 393 plädiert für eine konzentrische Struktur der analysierten Passage (A – 18,1; B – 18,2; X – 18,3–4; B' – 18,5; A' – 18,6–8). Außerdem sieht Christensen eine konzentrische Struktur sowohl im gesamten Buch Deuteronomium, als auch im Rechtskorpus, und in beiden Fällen bilde Dtn 18,1–8 das Zentrum. Weder die eine noch die andere konzentrische Struktur ist aber lexikalisch oder inhaltlich erkennbar. Auch in Dtn 18,1–8 lässt sich die konzentrische Struktur nicht überzeugend aufweisen. Vgl. 4.1.3 (zu den lexikalischen Verknüpfungen) und 4.2 (zu inhaltlichen Zusammenhängen).

Priester unter den anderen Stämmen → Vv. 3–5; ihre Position unter den anderen "Brüdern" (Leviten) → Vv. 6–8.
- Vv. 3–5 konzentrieren sich auf den Priestertarif, und zugleich entfalten sie die in V. 2 enthaltene theologische Argumentation hinsichtlich der Erwählung der Priester.
- Vv. 6–8 ergänzt das bisherige Gesetz mit einem konkreten Beispiel, bei welchem die in Vv. 1–5 bestimmten Normen (Landbesitzlosigkeit und dementsprechend Recht auf einen Anteil inmitten der anderen "Brüder" / levitischen Priester bzw. Recht darauf, einen Dienst im Namen des Herrn zu verrichten) zur Geltung kommen müssen.

5 Auslegung des Textes: Textinhalt

5.1 Vv. 1-2

Der Status der Leviten bzw. der Priester im Buch Deuteronomium unterscheidet sich von jenem in anderen alttestamentlichen Büchern.[141] Der Hauptunterschied besteht darin, dass es im Deuteronomium keine Unterscheidung zwischen den verschiedenen Priesterklassen gibt, wie z. B. in der Priesterschrift. Es stellt sich also die Frage, was für eine historische Situation sich in V. 1a spiegelt, in dem "Priester" und "Leviten", die sonst zwei verschieden Gruppen bilden, nebeneinander gestellt sind. Leider lässt sich die historische Situation, die in dieser Wortstellung (הַכֹּהֲנִים הַלְוִיִּם) zum Ausdruck kommt, nicht genau feststellen, da es keine eindeutigen Zeugnisse zur Verfügung stehen,[142] die zu einer verantwortlichen Rekonstruktion der Geschichte der priesterlichen Klassen in Israel verhelfen.[143]

Doch synchron betrachtet scheint diese Wortfügung nicht so außerordentlich zu sein. Denn auch in den vorausgehenden Gesetzen findet sich die

---

[141] P. D. MILLER, *Deuteronomy* (Interpretation. A Biblical Commentary for Teaching and Preaching; Louisville 1990) 150: "The picture of the Levites, or priests, in Deuteronomy is rather different and summarized in these verses".

[142] Vgl. VON RAD, *Das 5. Buch Mose*, 87: "Man muss aber… fragen, ob sich im Dt. eine in Israel bekannte und allgemein anerkannte geschichtliche Tatsache spiegelt, oder ob das Dt. damit mehr programmatische Ansprüche erhebt, die in solcher Allgemeingültigkeit in der älteren Zeit gar nicht realisiert waren".

[143] Nur hypothetische Rekonstruktionen der Levitengeschichte lassen sich vorlegen, die sich in vielen Details unterscheiden. Vgl. zu solchen Rekonstruktionen M. ROSE, *5. Mose*, 88–91; DAHMEN, *Leviten und Priester im Deuteronomium*, 392f; OTTO, *Deuteronomium 1,1–4,43*, 993–995; SAMUEL, *Von Priestern zum Patriarchen*, 401–408.

AUSLEGUNG DES TEXTES: TEXTINHALT

Differenzierung zwischen "Leviten" (Dtn 12,12.18–19; 14,27.29; 16,11.14) und "levitischen Priestern" (17,8–11.18–20). Anhand dieses Unterschiedes in der Levitenterminologie lässt sich eine Sprachregelung im Buch Deuteronomium feststellen. Nach dem übrigen Deuteronomium scheint "Levit" eine rein ethnische Bezeichnung zu sein. Dagegen wird von "levitischen Priestern" nur dort gesprochen, wo es um eine priesterliche Funktion geht.[144] Diese Sprachregelung gilt wohl auch in Dtn 18,1, da auch hier von der priesterlichen Funktion der Leviten die Rede ist, und nicht etwa von ihrem sozialen Status, wie in Dtn 12,12.18–19 usw. Man darf jedoch nicht ausschließen, dass manche terminologischen Unterschiede auch auf verschiedene Akzentsetzungen und Abfassungszeiten der Texte hindeuten können.[145]

Weiterhin stellt sich die Frage nach der Bedeutung des "Stammes Levi", der direkt den כֹּהֲנִים הַלְוִיִּם nachgestellt wird.[146] Die Redaktionskritik bietet hinsichtlich dieser Frage verschiedene entstehungs- bzw. sozialgeschichtliche Hypothesen an,[147] die meist mit der Levitisierung der Priesterschaft erklärt werden. Grammatikalisch betrachtend kann jedoch – mindestens hier in V. 1a – eine solche Hypothese nicht bestätigt werden. Denn die Wortstellung

---

[144] In dieser Linie formuliert BRAULIK, *Deuteronomium 16,18–34,12*, 130–131: "Für das Dtn kann nur ein Levit als Priester Dienst tun – das betonen die Ausdrücke 'levitische Priester' (17,9.18; 18,1; 24,8; 27,9) und 'die Priester, die Nachkommen Levis' (21,5; 31,9)".

[145] Der Anspruch, nur Leviten seien zum Priestertum legitimiert, lässt sich in der nachexilischen Zeit ansetzen, wobei aufgrund von Ez 43,19 und 44,15 eine Auseinandersetzung zwischen Leviten, Aaroniden und Zadokiden nicht auszuschließen ist. Vgl. hierzu OTTO, *Deuteronomium 1,1–4,43*, 993–995.

[146] P. C. CRAIG, *The Book of Deuteronomy*, 258, fasst das Problem knapp zusammen: "From one point of view, the words may be taken to imply that all Levites were priests... Alternatively, the sense may be that some Levite were priests and some were not".

[147] Es handelt sich um die Frage, ob der Hinweis in V. 1a, dass die Priester aus dem Stamm Levi stammen, nicht den Anspruch der Leviten ausdrücke, sich als legitime Priester zu betrachten. Manche plädieren dafür, dass sich im Deuteronomium kein solches Bestreben der Leviten widerspiegelt: vgl. J. A. EMERTON, "Priests and Levites in Deuteronomy", *VT* 12 (1962) 129–138; andere hingegen setzen voraus, dass es eine Unterscheidung hinsichtlich der Funktionen gibt (Priester – Dienst am Altar; Leviten – kein Zugang zu den Opfern): vgl. R. ABBA, "Priests and Levites in Deuteronomy", *VT* 27 (1977) 257–267. J. LINDBLOM, *Erwägungen zur Herkunft der josijanischen Tempelurkunde* (Lund 1971) 22–44, macht eine weitere Differenzierung, indem er zwei Gruppen selbst innerhalb der "nicht kultischen Leviten" unterscheidet. RÜTERSWÖRDEN, *Von der politischen Gemeinschaft zur Gemeinde*, 74, meint dagegen: "in ihrem kultischen Dienst unterscheiden sie [*sc.* die Leviten] sich nicht vom Priester, wohl aber in ihrem Status".

כָּל־שֵׁבֶט לֵוִי + הַכֹּהֲנִים הַלְוִיִּם bildet keine "Identitätsformel",[148] d. h. keinen Nominalsatz (die levitischen Priester = der Stamm Levi). Syntaktisch ist כָּל־שֵׁבֶט לֵוִי als Apposition zu den "levitischen Priestern" zu verstehen,[149] die nicht so sehr die Leviten mit Priestern identifizieren will, als hervorheben, dass die Priester, von denen hier die Rede ist, eine levitische Herkunft haben.[150] Wie im übrigen Deuteronomium, scheint es also auch hier so zu sein, dass alle Leviten potentielle Priester sind und ihnen auch priesterliche Aufgaben und Rechte zugeordnet werden.[151] Jedenfalls gilt für die in V. 1 genannten levitischen Priester das Prinzip, dass sie keinen Erbbesitz haben dürfen, sondern von JHWH dargebrachten Feueropfern leben sollen. Dieses Recht der levitischen Priester, das sich aus der Landbesitzlosigkeit ergibt, wurde schon in der Kult- und Sozialgesetzgebung (vgl. Dtn 12,12; 14,27.29) behandelt.[152] Hier wird es in einen kultischen Kontext versetzt.

Die vorausgehende Analyse hat auch gezeigt, dass es in den Vv. 1–2 um die Idee der נַחֲלָה (in zwei Versen 4x belegt) geht. Es ist also zu fragen, welche Bedeutung dieses Wort in Vv. 1–2 hat. Das Substantiv נַחֲלָה gehört zur nordwestsemitischen juristischen Sprache und bezeichnet ursprünglich das Erbteil, das einem Miterben im Fall einer Erbfolge zukommt. Der eigentliche juristische Gebrauch des Wortes kommt relativ selten im AT vor, jedoch liegt er jeder theologischen und metaphorischen Bedeutung zugrunde.[153] Der juristische Gebrauch des Terminus weist auf die Aufteilung der Güter hin, die der Vater vor seinem Tod hinterlässt (vgl. z. B. Dtn 21,16).[154] Die Verteilung des Vermögens sollte mit dem Gesetz übereinstimmen, das die Erbangelegenheiten und die speziellen Fälle regelt (vgl. Dtn 21,15–17; Num 27,1–11; 36,6–9). Grundsätzlich haben nur die Söhne ein Recht auf das

---

[148] Davon spricht z. B. H. J. GUNNEWEG, *Leviten und Priester. Hauptlinien der Traditionsbildung und Geschichte des israelitisch-jüdischen Kultpersonals* (FRLANT 89; Göttingen 1965) 126–132.

[149] Zu ähnlichen Appositionen vgl. Dtn 17,1; 23,20; 25,16.

[150] So auch NELSON, *Deuteronomy*, 231.

[151] Erst im Heiligkeitsgesetz ist die Terminologie anders: "Leviten, die kein Priesteramt ausüben, werden wörtlich 'der Levit' genannt – ein kollektiver Singular" (BRAULIK, *Deuteronomium 16,18–34,12*, 131).

[152] BRAULIK, *Deuteronomium 16,18–34,12*, 130.

[153] Hierzu vgl. E. LIPIŃSKI, "נַחֲלָה naḥᵃlāh", *ThWAT* V, 343–352.

[154] Die Aufteilung des Vermögens wird hier klassisch mit *hiphil* נחל ausgedrückt, das mit doppeltem Akkusativ gebraucht wird: 1ᵃ Akkusativ – die Empfänger; 2ᵃ Akkusativ – die verteilten Güter. Vgl. LIPIŃSKI, "נַחֲלָה naḥᵃlāh", 346.

Erbe, unter denen der Erstgeborene eine Sonderstellung einnimmt. Bei der Aufteilung war auch wichtig zu wissen, aus welchen Familiengütern der väterliche Erbbesitz (נַחֲלָה) bestand, der unter die Erben verteilt werden sollte, so dass dann jeder von ihnen Eigentümer einer נַחֲלָה wurde. Aus diesen juristischen Regelungen wurde dann die theologische Bedeutung von נַחֲלָה, die auch in Dtn 18,1–8 erscheint, entwickelt. Denn die Aufteilung des Vermögens unter die Erben diente den Autoren des dtr Geschichtswerks und der Priesterschrift für die Aufteilung des Gelobten Landes unter die Nachkommen Israels als Leitmotiv. Nach dieser Auffassung können nur diejenigen als wahre Söhne Israels/Jakobs betrachtet werden, die Besitzer einer נַחֲלָה des Vaters Israel/Jakob waren. In diesem Zusammenhang lässt sich der Anteil an einer נַחֲלָה als das Kennzeichen der Zugehörigkeit zum Volk Israel verstehen.[155] Der besondere Fall Levis ist also ursprünglich nicht als eine Auszeichnung den anderen Stämmen gegenüber zu begreifen; er erklärt sich wahrscheinlich dadurch, dass die Leviten tatsächlich kein eigenes Land besaßen.[156] Die theologische Erklärung dieses Zustandes der Leviten, יְהוָה הוּא נַחֲלָתוֹ (vgl. Dtn 10,9; 18,8; vgl. auch Num 18,20; Jos 13,33; Ez 44,28; Ps 16,5f) geschieht also im Blick auf einen sozialen *status quo*.

Das Verständnis der theologischen Erklärung der Landbesitzlosigkeit der Leviten aufgrund der grundlegenden Bedeutung von נַחֲלָה – sowohl im juristischen Gebrauch als auch in Hinsicht auf die Landaufteilung unter den Stämmen Israels – weisen auf weitere Konnotationen hin. So wie das נַחֲלָה ein Identitätsmerkmal für das ganze Volk Israel ist,[157] so bestimmt die Aussage יְהוָה הוּא נַחֲלָתוֹ die besondere Stellung der Leviten im Volk, die als Antwort auf die Erwählung Israels durch JHWH zu seinem נַחֲלָה gesehen werden kann: JHWHs Erbe ist Israel – das Erbe der Leviten ist JHWH. Der Ausdruck dieser Zugehörigkeit besteht darin, dass sie von einer Abgabe leben, die eigentlich JHWH gehörte (vgl. V. 1b). Die Folge dieser Situation ist doppelsinnig:

---

[155] "Every tribe as part of Israel has entitlement, and by implication every Israelite as a member of a tribe has a secure inherited place in the people of God. That is what it means to be an Israelite" (BRUEGGEMANN, *Deuteronomy*, 188).

[156] "Diese Lage wurde auch als Strafe für den Aufruhr Korachs, eines Nachkommen Levis gewertet (Num 18,20)" (LIPIŃSKI, "נַחֲלָה naḥªlāh", 353).

[157] Im Deuteronomium wird das ganze Volk (עַם) als Erbe (נַחֲלָה) JHWHs charakterisiert (vgl. z. B. 4,20: לוֹ לְעַם נַחֲלָה לִהְיוֹת). Vgl. hierzu G. BRAULIK – N. LOHFINK, *Sprache und literarische Gestalt des Buches Deuteronomium. Beobachtungen und Studien* (ÖBS 53; Berlin 2021) 163–164.

Einerseits stehen die Leviten in einer bestimmten Abhängigkeit von den anderen Stämmen, anderseits genießen sie die Freiheit, an keinem Landesteil Israels angebunden zu sein. Diese zwei Aspekte kommen in den darauffolgenden Untereinheiten sehr deutlich zum Ausdruck: In Vv. 3–5 lässt sich die Abhängigkeit der Leviten herausspüren; in Vv. 6–8 ist dagegen von der Freiheit der Leviten (וּבָא בְּכָל־אַוַּת נַפְשׁוֹ) die Rede.

Für die Botschaft von Vv. 1–2 ist noch der Schluss von großer Bedeutung (כַּאֲשֶׁר דִּבֶּר־לוֹ), der den Inhalt der beiden Verse explizit zu einem "theologischen Gesetz" emporhebt. Denn durch V. 2b ändert sich wesentlich der Sinn von Vv. 1–2a, da durch V. 2b klar zum Ausdruck kommt, dass es sich nicht nur um eine menschliche Gesetzgebung handelt, sondern um ein göttliches Gesetz. In diesem Zusammenhang bildet V. 2b einen sehr wichtigen Bestandteil der Textpragmatik von Dtn 18,1–8, da durch die Hervorhebung des göttlichen Ursprungs des Gesetzes auch die jeweilige Adressatenwirkung modifiziert wird (vgl. Kap. III).

5.2 Vv. 3–5

Vv. 3–4 wurden in der Forschung oft der ältesten Textform des Buches Deuteronomium zugeschrieben.[158] Synchron betrachtet bilden diese zwei Verse freilich eine "abgehobene" Untereinheit, die zwar inhaltlich in Dtn 18,1–8 gut hineinpasst (vgl. 4.2), doch lexikalisch und strukturell ein vom Rest abweichendes Segment bildet (vgl. 4.1.3).[159] Es wurde jedoch

---

[158] Vgl. hierzu DAHMEN, *Leviten und Priester im Deuteronomium*, 394f; ROSE, *5. Mose*, 85–86, rechnet mit einer "deuteronomischen Sammlung", die ein älteres Gesetzesmaterial enthalten habe.

[159] RÜTERSWÖRDEN, *Das Buch Deuteronomium*, 122, plädiert für eine ursprüngliche Abfolge V. 1*-V.3 ohne V. 2. Die konjekturale Abfolge V. 1*-V. 3 hängt jedoch an der Beurteilung des V. 3 einleitenden *waw*. Diesbezüglich bemerkt DAHMEN, *Leviten und Priester im Deuteronomium*, 277, treffend: "Ist es [*sc.* das *waw*] ursprünglich, muss (als syndetischer Verbalsatz) ein literarischer Zusammenhang mit V. 1* angenommen werden; ist es redaktionell (als Verknüpfung des V. 3 mit einem vorangehenden Kontext) kann (als asyndetischer Verbalsatz) V. 3 auch ursprünglicher Beginn des Priestergesetzes sein". Diese Entscheidung bezüglich des *waw* lässt sich aber nicht mehr eindeutig treffen. Daher kann es sein, dass in der Entstehungsgeschichte von Dtn 18,1–8 eine ursprüngliche Version von Vv. 3-(4)* den Kern der weiteren Redaktionen gebildet habe, aber der literarische und strukturelle Zusammenhang zwischen V. 1*-3 kann nicht durch eine synchrone Analyse bestätigt werden.

aufgezeigt, dass Vv. 1–2 inhaltlich auch V. 3–4 andeuten (vgl. 4.2 und 5.1). Zum einen wird der Anspruch der levitischen Priester auf אִשֵּׁי יְהוָה (V. 1b) hier, in Vv. 3–4, im Einzelnen definiert. Zum anderen werden hier die konkreten Konsequenzen der in Vv. 1–2 angedeuteten Erbbesitzlosigkeit der levitischen Priester entfaltet.

Was den Inhalt von Vv. 3–4 anbelangt, handelt es sich hier um einen Opfertarif.[160] Das Gesetz betrifft zwar die Priester, ist jedoch an das Volk, d. h. die Opfernden, gerichtet. Denn die Priester kommen nur als Versorgungsempfänger in den Blick, nicht jedoch in ihrer kultischen Funktion. Opferherr ist im Buch Deuteronomium das Haupt der Familie, nicht der Priester, denn Opfer darzubringen ist im Buch Deuteronomium Sache der Laien.[161] Auch hier spiegelt sich diese Auffassung deutlich wider. Indirekt sind jedoch die Priester im Zentrum des Gesetzes, da es – wie die Wortstellung von V. 3 deutlich zeigt – um den מִשְׁפָּט der Priester geht. מִשְׁפָּט bezeichnet hier "das Recht, das dem Priester als Anteil vom Opfer zukommt".[162] Das Wesen dieses Rechtes lässt sich durch einige Analogien besser verstehen. Eine Analogie innerhalb des AT liegt z. B. in Dtn 21,17 (מִשְׁפַּט הַבְּכֹרָה), in 1 Sam 8,9.11 (מִשְׁפַּט הַמֶּלֶךְ) und in Jer 32,7 (מִשְׁפַּט הַגְּאֻלָּה). Das Gemeinsame bei diesen Belegen von מִשְׁפָּט ist die Tatsache, dass das jeweilige Recht von der Funktion bzw. von der Stellung des Betroffenen herrührt.[163] Man kann also festhalten, dass ohne Kenntnis der Funktion und der "Ermächtigung" der Priester der Grund ihres Rechtsanspruches unverständlich bliebe.

Dieser Zusammenhang zwischen "Funktion" und "Recht" weist auf die vorausgehenden Ämtergesetze zurück. Denn das "Recht der Priester", das sich hier als ein Anspruch erweist, basiert auf den vorausgehenden Gesetzen

---

[160] RÜTERSWÖRDEN, *Das Buch Deuteronomium*, 122, weist darauf hin, dass Opfertarife auch in der extrabiblischen Literatur vorkommen. S. z. B. den Opfertarif aus Marseille (vom Ende des 3. Jh. v. Chr.): "Beim Rind: (Ist es) ein Ganzopfer oder ein Sündopfer oder ein Ersatzopfer, (bekommen) die Priester 10 Silber(stücke) für eines, und beim Ganzopfer gehört ihnen über diese Abgabe hinaus Fleisch im Gewicht von dreihundert Sekel, beim Sündopfer aber die Knöchel und die Gelenke" (H. DONNER – W. RÖLLIG, *Kanaanäische und aramäische Inschriften* [Wiesbaden ²1968] II, 83).
[161] Vgl. BRAULIK, *Deuteronomium 16,18–34,12*, 132; RÜTERSWÖRDEN, *Das Buch Deuteronomium*, 122.
[162] B. JOHNSON, "מִשְׁפָּט mišpāṭ", *ThWAT* V, 101.
[163] In diesem Sinne "ist der Schritt vom 'Rechtsanspruch' zu 'Recht/Gesetz' nicht weit" (JOHNSON "מִשְׁפָּט mišpāṭ", 100).

über das Zentralgericht und den König, in denen priesterliche Funktionen genannt wurden. Der Rechtsanspruch der Priester wird also nicht zufällig in Dtn 18,3 erwähnt. Denn Dtn 16,18–17,20 haben bereits durch die Darstellung der priesterlichen Funktionen der Leviten begründet, warum die levitischen Priester überhaupt ein "Recht" an Opfern haben können.

Die Form und der Inhalt von Vv. 3–4 kommt sprachlich und inhaltlich 1 Sam 2,13f sehr nahe, weist aber auch deutliche Differenzen zu diesem Text auf.[164] Während in 1 Sam 2,13f die Anteile der Priester noch dem Zufall überlassen bleiben, werden sie in Dtn 18,3 auf bestimmte Teile des Opfertieres eingeschränkt. Ansprüche der Priester werden auch in Num 18,8f benannt. In Dtn 18,3–4 spiegelt sich aber in der Liste der Opfergaben nicht die Sprache der Priesterschrift.[165]

Vv. 3–4 erscheinen zwar als eine einzige Untereinheit, die die Idee von נתן einschließt, doch V. 4 zeigt eine gewisse Andersheit. Wie schon bemerkt wurde, kommt erst mit V. 4 die typische dtn Anrede in der 2. Person Sing. zum Ausdruck.[166] Nach den Opferanteilen (V. 3) geht es in V. 4 um die Erstlingserträge.[167] Dabei geht es aber nicht nur um die Nahrung, der Erstling von der Schafschur garantiert auch die Kleidung der Priester.

Schließlich tritt V. 5 zu Vv. 3–4 und nennt die Aufgabe der Leviten, die den in Vv. 3–4 beschriebenen Rechtsanspruch der levitischen Priester explizit begründet. V. 5 verweist auf die Besonderheit der Leviten unter den anderen Stämmen, die Absonderung voraussetzt. Mit diesem Motiv weist V. 5 auf Dtn 10,8 zurück,[168] wo JHWH den Stamm Levi "aussonderte" (*hiphil* בדל). Interessanterweise benutzt Dtn 18,5 ein anderes Verb, בחר, das die Erwählung

---

[164] Vgl. hierzu DAHMEN, *Leviten und Priester im Deuteronomium*, 279.
[165] Vgl. NELSON, *Deuteronomy*, 230.
[166] In Vv. 5–8 kommt die Anredeform nur in Pronominalsuffixen zum Ausdruck: שְׁבָטֶיךָ, אֱלֹהֶיךָ (v. 5); שְׁעָרֶיךָ (v. 6).
[167] Die Nennung des "Erstlings" (רֵאשִׁית) der drei Erträge ist im AT nur noch in 2 Chr 31,5 belegt. Vgl. DAHMEN, *Leviten und Priester im Deuteronomium*, 281. LUNDBOM, *Deuteronomy*, 545, notiert: "Hebrew רֵאשִׁית means both 'first' in sequence and 'first' in quality".
[168] ROSE, *5. Mose*, 93, beschreibt die Auswirkung dieser Sonderung treffend: "Ein Sonder-Status trägt allerdings immer eine Ambivalenz in sich (extrem formuliert): etwas 'Besonderes' (etwas 'Außer-Ordentliches') zu sein und mit dem höchsten Respekt beehrt zu werden ('Gottes Stellvertreter auf Erden') – oder als 'Sonderling' eingeschätzt zu werden ('Himmelskomiker')".

der Leviten, die als Priester amtieren, mit weiteren Konnotationen bereichert. Denn das Verb בחר mit JHWH als Subjekt ist ein wichtiges Verb im Deuteronomium, vor allem im dtn Rechtskorpus.[169] Meistens schließt sich בחר an die Zentralisationsformel an (wie z. B. in V. 6), bezeichnet aber auch die Erwählung des Volkes (Dtn 7,6), des Königs (Dtn 17,5) und, wie in V. 5, des levitischen Priesters (noch in Dtn 21,5). Es ist festzustellen, dass die Erwählung durch JHWH in allen diesen Belegen immer von einem Zweck bestimmt wird: z. B. in Dtn 18,5 wird die Erwählung der Priester betont, um ihre Funktion darzustellen; in Dtn 21,5 begründet die Wahl ein Privileg usw.[170] Es ist auch zu bemerken, dass JHWH im Buch Deuteronomium sozusagen die "Grundpfeiler" des dtr Geschichtswerks erwählt (בחר): "den Ort" des zentralen Heiligtums, "den König" und "das Volk". Es ist also von großer Bedeutung, dass sich auch die levitischen Priester an diese wichtigen "Institutionen" anschließen. Dank der Erwählung (בחר) durch JHWH genießen "die levitischen Priester" im Deuteronomium eine gleichberechtigte Bedeutung wie der von JHWH ausgewählte Ort im Gelobten Land, wie der König oder wie das Gottesvolk. Besonders die Parallele mit dem Volk bietet viele Auslegungsmöglichkeiten.[171] In diesem Sinne scheinen die "levitischen Priester" ein kleines "Mustervolk" Gottes zu sein, das die durch den Moabbund ausgewiesene Berufung des Volkes (treu bleiben der dtn Tora und dem Moabbund gegenüber) *par excellence* erfüllen.

In der zweiten Hälfte von V. 5 wird die spezielle Berufung der levitischen Priester dargestellt: לַעֲמֹד לְשָׁרֵת. Oben wurde schon der genaue Sinn der zwei inf. cs. gezeigt und folgende Übersetzung vorgeschlagen: "damit er dasteht, um… Dienst zu verrichten". Diese Aufgabe umschreibt durchaus die Idee eines priesterlichen Amtes.[172] Es ist jedoch interessant, dass der "Dienst" der levitischen Priester im Buch Deuteronomium nicht mit dem Darbringen

---

[169] In Dtn 12–26: s. 12,5.11.14.18.21.26; 14,2.23.24.25; 15,20; 16,2.6.7.11.15.16; 17,18.10.15; 18,5.6; 21,5; 26,2.6. Außerhalb des Rechtskorpus sind zu vergleichen: Dtn 4,37; 7,6.7; 10,15; 31,10.

[170] Vgl. H. SEEBASS, "בחר. II", *ThWAT* I, 599.

[171] Vgl. G. BRAULIK, "Die Erwählung Israels im Buch Deuteronomium", *Dein Wort ist meinem Fuß eine Leuchte. Festschrift für Ludger Schwienhorst-Schönberger* (Hrsg. G. BRAULIK – A. SIQUANS – J.-H. TÜCK) (Freiburg 2022) 99–141.

[172] Vgl. Dtn 10,8; vgl. noch 1 Kön 8,11; Ez 44,5; 1 Chr 6,18. Vgl. B. OTZEN, "עמד 'āmaḏ", *ThWAT* VI, 199f.

von Opfern zu tun hat, sondern sich vor allem auf die Beschäftigung mit der Tora konzentriert.[173] Denn die levitischen Priester bewahren das Urexemplar (Dtn 17,18) auf, sie verlesen die Tora in jedem siebten Jahr beim Laubhüttenfest (Dtn 31,10f) und erteilen aus der Tora die gewünschte Rechtsauskunft (Dtn 17,9f; 19,17; 33,10). Mit dem Dienst der Priester verbindet das Deuteronomium weiterhin auch das Tragen der Bundeslade (10,8; 31,9.25f) und das Segnen im Namen JHWHs (Dtn 10,8; 21,5). Das priesterliche Amt, das in V. 5 angedeutet wird, bezieht sich im Deuteronomium also vor allem auf die Tora, die Mose innerhalb des Buches vorlegt. In diesem Zusammenhang wird noch deutlicher, warum das Verb בחר die Berufung des Volkes, des Königs und der levitischen Priester zusammenbindet. Alle drei sind, zwar in verschiedener Weise und mit unterschiedlichen Konnotationen und Aufgaben, dazu erwählt/berufen, die dtn Tora zu einzuhalten und zu bewahren.

Schließlich wird in V. 5 auch die genealogische Sukzession der Priester angedeutet: וּבָנָיו כָּל־הַיָּמִים הוּא. Das priesterliche Amt wird also im Erbgang weitergeben.[174] Doch wird hier eine Dynastie innerhalb der Priesterschaft nicht deutlich.[175] Es ist auch wichtig zu bemerken, dass V. 5 sich eng an V. 2 anschließt, indem die Rechtfertigung des Inhaltes von Vv. 3–4 auf JHWH selbst bezogen wird. Diese Art und Weise der Argumentation wird im Folgenden (Kap. III) ausgewertet, da sie für die pragmatische Funktion des Textes von großer Bedeutung ist.

5.3 Vv. 6–8

Diese Verse behandeln die Rechte der Leviten, die gegebenenfalls am Heiligtum Dienst verrichten wollen. Die in vv. 6–8 beschriebene Situation wurde in der Deuteronomiumforschung mit dem Reformbericht der sogenannten joschijanischen Reform von 2 Kön 23,8–9 verbunden.[176] Der Bezug von

---

[173] Vgl. BRAULIK, *Deuteronomium 16,18–34,12*, 132.

[174] S. PAGANINI, *Deuteronomio. Nuova versione, introduzione e commento* (I libri biblici. Primo Testamento 5; Milano 2011) 296: "L'accenno alla discendenza del sacerdote ricorda la promessa fatta ad Aronne (Es 28,4.43) – sacerdote in eterno – e apre l'orizzonte deuteronomico verso una dimensione futura ed escatologica".

[175] Vgl. RÜTERSWÖRDEN, *Von der politischen Gemeinschaft zur Gemeinde*, 72.

[176] Seit J. WELLHAUSEN, *Prolegomena zur Geschichte Israels* (Berlin ⁵1899) 149–165, manche Exegeten verstehen Dtn 18,6–8 als einen Hinweis auf 2 Kön 23,8–9. Vgl. EMERTON, "Priests and Levites in Deuteronomy", 129–138; oder jüngst M. LEUCHTER, "'The Levite in Your Gates'. The Deuteronomic Redefinition of Levitical Authority", *JBL* 126 (2007) 428f.

Dtn 18,6–8 zur Kultzentralisation, die in 2 Kön 23,8–9 erzählt wird, ist aber überhaupt nicht deutlich. Denn Dtn 18,6–8 scheint sich eher auf einen vorübergehenden, spontanen Besuch am מָקוֹם zu beziehen ("okkasionelle Regelung"), als auf eine dauerhafte "Umsiedlung", die die in 2 Kön 23,8–9 enthaltene Kultzentralisation nahelegt ("umfassende Dauerregelung").[177] Die in 2 Kön 23 auftretenden Höhenpriester sind also kaum mit den Leviten in Dtn 18,6–8 zu identifizieren.[178] Darüber hinaus werden diese Verse, wie auch V. 1, gelegentlich im Horizont von Ez 44,15 interpretiert und damit eine Rivalität zwischen verschiedenen Priestergruppen (Zadokiden und levitische Priester) vermutet. Dtn 18,6–8 bietet jedoch eine ambigue Beschreibung, die sich nicht im Sinne von Ez 44 interpretieren lässt. Eine priesterliche Rivalität in Vv. 6–8 vorauszusetzen, scheint also sowohl in V. 1 als auch hier exegetisch nicht ausreichend begründet zu sein.[179]

Vv. 6–8 zeigen *expressis verbis* vier Charakteristika der Leviten:[180] (1) es handelt sich um lokale Leviten, die nicht am zentralen Heiligtum dienen; (2) sie wohnen in Israel als *gēr* (גֵּר), d. h. gehören nicht zur normalen sozialen Struktur ihrer Herkunftsorte (vgl. Dtn 12,12; 14, 27–29); (3) ihr Kommen an

---

[177] Vgl. hierzu ABBA, "Priests and Levites in Deuteronomy", 264–265; J. G. McCONVILLE, *Law and Theology in Deuteronomy* (JSOTSup 33; Sheffield 1984) 132–135; R. D. NELSON, "The Role of the Priesthood in the Deuteronomistic History", *Congress Volume. Leuven 1989* (VTSup 43; Leiden 1991) 132–147.

[178] DAHMEN, *Leviten und Priester im Deuteronomium*, 297–302, bemerkt treffend die Unterschiede. Übereinstimmend zwischen beiden Texten ist die Tatsache, dass sowohl die Höhenpriester (2 Kön 23,8) als auch der Levit (Dtn 18,6) aus den Städten bzw. Stadtbereichen, also von außerhalb Jerusalems kommen; die Differenz besteht darin, dass der Levit freiwillig kommt, die Höhenpriester dagegen nach Jerusalem – wenn auch die Stadt nicht *expressis verbis* genannt wird – gezwungen werden. Weitere Unterschiede sind darin zu sehen, dass die Höhenpriester aus einer kultischen Funktion herausgeholt werden (2 Kön 23,8b), eine solche kultische Funktion für den Leviten in Dtn 18,6 aber nicht erkennbar ist; dass die Höhenpriester dauerhaft nach Jerusalem umgesiedelt werden (2 Kön 23,8f), die Leviten dagegen ihren ständigen Wohnsitz im Stadtbereich gerade nicht aufgeben (Dtn 18,6). So auch OTTO, "Die post-deuteronomische Levitisierung des Deuteronomiums", 284.

[179] Treffend BRUEGGEMANN, *Deuteronomy*, 190: "Whatever may be said about the historic rivalry is largely speculative". Vgl. zur Diskussion R. D. NELSON, *Raising Up a Faithful Priest. Community and Priesthood in Biblical Theology* (Louisville 1993) 59–62. Das schließt aber nicht aus, dass es historisch keine post-exilische priesterliche Rivalität gab, wie auch Ez 44 nahelegt.

[180] Vgl. NELSON, *Deuteronomy*, 230.

das zentrale Heiligtum hängt nur von ihrer Entscheidung ab (בְּכָל־אַוַּת נַפְשׁוֹ וּבָא); (4) ihr Dienst (וְשֵׁרֵת בְּשֵׁם יְהוָה אֱלֹהָיו) weist auf V. 5 zurück, legt hier jedoch eher ihre kultische Funktion als ihre Funktion hinsichtlich der dtn Tora nahe.[181] Im Folgenden werden diese vier Charakteristika einzeln betrachtet.

(1) Die Identifikation des Leviten, der "aus irgendeinem שַׁעַר kommt", bereitet wieder Probleme. Denn während in Vv. 1–2 von "levitischen Priestern" die Rede war und in Vv. 3–5 es sich um "Priester" handelte, tritt in Vv. 6–8 "der Levit" ohne nähere Identifikation auf die Bühne. Diese Bezeichnung weist aber auf den ersten Teil des Rechtskorpus (Dtn 12–16,17) zurück, in denen die Leviten ohne eine "priesterliche" Bezeichnung unter den *personae miserae* genannt werden (vgl. Dtn 12,18–19; 14.27.29): הַלֵּוִי אֲשֶׁר בִּשְׁעָרֶיךָ. Durch diesen Unterschied wird also fraglich, ob הַלֵּוִי von V. 6 mit der als הַכֹּהֲנִים (v. 3) bezeichneten Größe identisch ist. Wie oben aufgezeigt wurde, unterstützt der Text selbst die Identifikation von "levitischen Priestern" (Vv. 1–2), "Priestern" und "Leviten" als dieselbe Gruppe.[182] Anhand des Kontextes lässt sich also diese letzte Untereinheit als Fortsetzung von Vv. 1–5 und Schluss des Gesetzes in Dtn 18,1–8 verstehen,[183] wobei die vorausgehenden zwei Vorschriften (Vv. 1–2 und 3–5) durch ein konkretes Beispiel entfaltet bzw. erläutert werden.

---

[181] Die Annahme, dass die Leviten am Heiligtum einen priesterlichen Dienst zu verrichten hatten, "is supported by the basic logic of the argument: equal support implies equivalent 'service' (vv. 5, 7)" (NELSON, *Deuteronomy*, 230–231).

[182] So auch S. PAGANINI, *Deuteronomio*, 296: "Dal testo ebraico appare chiaro che le denominazioni 'sacerdote levita' (Dt 18,1), 'sacerdote' (Dt 18,3) e 'levita' (Dt 18,6) identificano la medesima categoria di persone".

[183] Dass aus dem Endtext sich deutlich die Identifikation der Leviten mit Priestern bzw. levitischen Priestern ergibt, muss auch die Redaktionskritik anerkennen. Nur wenn V. 1 als sekundär erklärt wird, lässt sich ein Unterschied zwischen Priestern und Leviten annehmen. So DAHMEN, *Leviten und Priester im Deuteronomium*, 288: "Die Beobachtung, daß etwas inhaltlich Neues anhebt, wird auch dadurch gestützt, daß… *hallewî* mit der als *hakkohen* bezeichneten Größe identisch ist, zumal alle Anhaltspunkte für eine solche Identifikation im vorangehenden Kontext (*hal*ᵉ*wîjim* und *kol-šebaeṭ* in v. 1) bereits als sekundäre Zutaten erkannt sind".

(2) Dieser Musterlevit von V. 6 wird weiterhin als eine nicht dauerhaft an einem bestimmten Ort wohnende Person dargestellt. Manche Übersetzungen geben אֲשֶׁר־הוּא גָּר שָׁם folgendermaßen wieder: "(der Levit,) der als Fremder (EÜ) / Fremdling[184] wohnt". Es ist aber festzuhalten, dass גֵּר die Leviten nicht in ihrem Sozial- und Rechtsstatus klassifiziert. Denn Dtn 14,29 hebt die "Fremden" von den Leviten ab (vgl. וּבָא הַלֵּוִי כִּי אֵין־לוֹ חֵלֶק וְנַחֲלָה עִמָּךְ וְהַגֵּר וְהַיָּתוֹם וְהָאַלְמָנָה אֲשֶׁר בִּשְׁעָרֶיךָ). Die "Fremden" und die "Leviten" bilden also im Deuteronomium zwei verschiedene Gruppen. Zwar sind beide *personae miserae*, die Leviten sind nach ihrem sozialen Rechtstatus keine "Fremden". Das Partizip גֵּר spiegelt also die in V. 1–2 beschriebene Situation wider, nach denen den Leviten kein Erbbesitz zukommt, d. h. die ohne irgendeine Besitzbindung an einem bestimmten Ort leben.

(3) Damit hängt V. 6b zusammen, der die Freiheit der Leviten umschreibt. Denn ob ein Levit den priesterlichen Dienst am zentralen Heiligtum übernimmt, wird seiner Entscheidung überlassen. Wie schon herausgestellt wurde, schließt diese Freiheit die Interpretation von Vv. 6–8 im Licht der josijanischen Reform aus. V. 6b stellt eher mit diesem konkreten Beispiel dar, welche Auswirkung die in Vv. 1–2 angedeutete Landbesitzlosigkeit auf die Lebensweise der Leviten hat. Sie hängen von den Opfern JHWHs ab (Vv. 1b; 3–4), aber gleichzeitig genießen sie unter anderem die Freiheit der Wohnortwahl in Israel und das Recht, am zentralen Heiligtum Dienst zu verrichten.

(4) Der Dienst der Leviten steht in engem Zusammenhang mit dem Ort, den JHWH erwählen wird. Wie schon angedeutet wurde, sind die Erwählung des "Ortes" (V. 6) und jene der Leviten (Vv. 5 und 7) durch das gemeinsame Vokabular miteinander verbunden. Inhaltlich bindet den von JHWH erwählten "Leviten" an den von JHWH auszuwählenden "Ort" zuallererst der Dienst des Leviten an diesem Ort (vgl. V. 7). Denn die in V. 5 dargestellte Erwählung der Leviten und ihre angedeutete Funktion verwirklicht sich in V. 7, indem mit denselben Worten wie in V. 5 der Dienst der Leviten beschrieben wird. In diesem

---

[184] Vgl. ROSE, *5. Mose*, 85.

Zusammenhang gibt also V. 7 eine erste "Illustration", wie und unter welchen Umständen sich der in Dtn 10,8 "erzählte" und in Dtn 18,5 "legalisierte" Dienst der levitischen Priester vollziehen soll.

Schließlich ist noch der Sinn von V. 8 auszulegen. Dies ist sozusagen der wichtigste Vers in dieser letzten Untereinheit, da er die Apodosis des langen konditionalen Gefüges bildet. V. 8 als Apodosis zeigt die Konsequenz, sozusagen den Zielpunkt des in Vv. 6-7 dargestellten Kasus. Zwar ist V. 8 sprachlich sehr schwierig,[185] dennoch lässt sich der Inhalt in Grundzügen verstehen. Es geht hier mit Sicherheit um einen wirtschaftlichen Wert,[186] bei welchem man an familiären Privatbesitz denken darf. Es handelt sich hier um eine Einschränkung ("abgesehen"/"ausgenommen"), d. h. es soll etwas aus der Bestimmung der gleichen Anteile (V. 8a) herausgenommen werden.[187] Mit Recht stellt sich aber die Frage, ob לְבַד + מִן ("außer, abgesehen von") inklusiv (das in V. 8b Bezeichnete ist bei den dem Leviten zustehenden Anteilen mit zu verrechnen) oder exklusiv (ohne Berücksichtigung des in V. 8b Genannten) zu verstehen ist.[188] Wenn man den Kontext berücksichtigt, lässt sich diese Frage ziemlich befriedigend beantworten: Bei inklusiver Bedeutung würde eine Ausnahme gemacht, so dass die Leviten keinen gleichen Anteil erhalten, wie V. 8a es will.[189]

Zwar verrät der Text nicht Näheres, doch für das Verständnis der Passage reicht es wohl. Denn durch diese Deutung von V. 8 (d. h. ohne

---

[185] Bei der Interpretation von V. 8, bes. 8b, stießen jedoch sowohl LXX als auch die Targumim auf Probleme: vgl. oben 1.3.1e und 1.3.2b. Zu verschiedenen Interpretationsversuchen vgl. auch DAHMEN, *Leviten und Priester im Deuteronomium*, 306-310.

[186] Wie ROSE, *5. Mose*, 92, vermerkt, handelt es sich nicht um einen Wert, der unbedingt aus einem Verkauf resultieren muss, sondern "das gemeinte Besitzgut ist eher als Landeigentum zu verstehen, das zum Nießbrauch übergeben ist".

[187] Die Deutungen liegen entweder auf der Linie "abgesehen von seinen Verkäufen auf väterlichen/familiären Besitz" (so z. B. VON RAD, G., *Das fünfte Buch Mose*, 87; CRAIGE, *The Book of Deuteronomy*, 257.259; MAYES, *Deuteronomy*, 279; NIELSEN, *Deuteronomium*, 185; MCCONVILLE, *Law and Theology in Deuteronomy*, 145) oder auf der Linie "ohne dass man berücksichtigt, wie groß sein väterliches Erbteil ist" (so z. B. KRINETZKI, *Rechtsprechung und Amt im Deuteronomium*, 91.93; ROSE, *5. Mose*, 85.92).

[188] Vgl. DAHMEN, *Leviten und Priester im Deuteronomium*, 308.

[189] "Es handelt sich also um eine contradictio in adiecto" (RÜTERSWÖRDEN, *Von der politischen Gemeinschaft zur Gemeinde*, 74).

Berücksichtigung des väterlichen Privatbesitzes sollen alle Leviten, die am zentralen Heiligtum Dienst verrichten, den gleichen Anteil essen/erhalten) kommt die zentrale Idee des gesamten Gesetzes deutlich zum Ausdruck. Denn V. 8 illustriert durch ein konkretes Beispiel die Verwirklichungsmöglichkeit der "Brüderlichkeit" unter den Leviten (vgl. V. 7), wofür die vorausgehenden Vorschriften (vgl. V. 2) hinsichtlich der levitischen Priester innerhalb ganz Israels plädieren. Durch diese Idee ist V. 8 und die ganze Untereinheit Vv. 6–8 mit Vv. 1–5 verknüpft.

III Textpragmatische Analyse

1 Der Sender und die Adressaten

1.1 Der Sender

Zunächst stellt sich die Frage, welche Stimme in Dtn 18,1–8 zu hören ist? Es sprechen gewichtige Gründe dafür, dass auch Dtn 18,1–8 als Moserede zu verstehen ist. Zwar gibt es nur wenige Formulierungen in der 2. Person Sing. (in V. 4 die Suffixe in der 2. Person Sing. und die Verbform תִּתֶּן; in V. 5 אֱלֹהֶיךָ, in V. 6 שְׁעָרֶיךָ),[190] die auf eine direkte Rede des Mose an das Volk hinweisen, doch sind diese Kommunikationssignale (bes. תִּתֶּן in V. 4) ausreichend, auch hier eine Moserede anzunehmen. Darüber hinaus fallen die negativen und positiven Befehle in 3. Person Sing. (*yiqtol*-Formen in modalem Gebrauch) nicht aus der Reihe, die Kombination von 3ps und 2ps charakterisiert auch die übrigen Gesetze im Deuteronomium.

Weiterhin legt auch der große Kontext nahe, dass hier Mose spricht. Denn die ganze Sektion Dtn 5–26 wird mit der Überschrift (וְזֹאת הַתּוֹרָה אֲשֶׁר־שָׂם מֹשֶׁה לִפְנֵי בְּנֵי יִשְׂרָאֵל) als Tora des Mose vorgelegt. Auch Dtn 18,1–8 – mindestens in der Endredaktion – ist also als Moserede zu betrachten. Dass Mose der Gesetzgeber ist, der sich an Israel richtet, wird auch in Dtn 5,1 und 27,1 betont.

---

[190] LXX bezeugt dagegen kein Äquivalent zu den Suffixen der 2ps in Vv. 4.5. Vgl. Kap II, 1.3.1b.

TEXTPRAGMATISCHE ANALYSE

Es ist aus kommunikationstechnischer Sicht interessant, dass V. 2b auf eine Offenbarung JHWHs zurückweist: כַּאֲשֶׁר דִּבֶּר־לֹו (wie er ihm gesagt hat).[191] Es ist aber festzuhalten, dass zwar in V. 2b eine Kommunikation JHWHs an den Stamm Levi in Erinnerung gerufen wird, der Sender/Sprecher jedoch auch hier immer noch Mose ist. Es handelt sich hier also um eine Paraphrase JHWHs durch Mose, durch die sowohl die vorausgehenden (Vv. 1–2a) als auch die darauffolgenden Verse (Vv. 3–8) mehr Gewicht bekommen.[192]

Fazit. Vv. 1–2, die die Grundlinien der Vorschriften in Vv. 3–8 schon andeuten, beruhen auf der Autorität JHWHs. Zwar sind Vv. 3–8 ausschließlich als Moserede zu verstehen, da es kein Signal gibt, das JHWH-Worte voraussetzt, doch die in diesen Versen enthaltenen Gesetze weisen durch die lexikalischen und thematischen Verknüpfungen ständig auf Vv. 1–2 zurück. Vv. 3–8, die den Inhalt und den Sinn von Vv. 1–2 entfalten, lassen sich also als eine Art von "mosaischer Auslegung" verstehen, die das in Vv. 1–2 enthaltene göttliche Gesetz erläutern und ins alltägliche Leben umsetzen.[193]

In diesem Zusammenhang gibt es in Dtn 18,1–8 zwei Kommunikationsebenen:

- Vv. 1–2: "Einleitung" – als von Mose vorgetragenes Gesetz JHWHs;
- Vv. 3–8: "mosaische Auslegung" der in Vv. 1–2 enthaltenen Worte JHWHs.

1.2 Die Adressaten

Hinsichtlich der Pragmatik des Textes ist aber noch wichtiger die Frage nach der Identität der Adressaten/Empfänger der Moserede (Vv. 3–8) bzw. der von

---

[191] Im Buch Deuteronomium finden sich zwei Stellen, die auf eine an den Stamm Levi gerichtete Aussage JHWHs verweisen: Dtn 10,9 und 18,2. An diesen beiden Stellen steht die Aussage, die die Erbbesitzlosigkeit des Stammes Levi anordnet bzw. JHWH als Erbbesitz des Stammes zuspricht. Daran schließt sich als "Erfüllungsformel" der Satz an: כַּאֲשֶׁר דִּבֶּר. Vgl. D. K. SKWERES, *Die Rückverweise im Buch Deuteronomium* (AnBib 79; Roma 1979) 188f.

[192] Wahrscheinlich basiert auch V. 2b als Rückverweis auf ein älteres Material, das den Adressaten bekannt gewesen sei und eine gewisse Begründungskraft besitzt habe. Vgl. SKWERES, *Die Rückverweise im Buch Deuteronomium*, 191: "Die dtn Rückverweise, die wir bisher kennenlernten, gehen nicht ins Leere, sondern beziehen sich auf bekannte Texte. Das gleiche ist daher wohl auch für die Rückverweise in Dtn 10,9 und 18,2 vorausetzen".

[193] Es ist aber nicht klar, welcher Teil von Vv. 1–2a als paraphrasierte Rede JHWHs zu verstehen ist: die ganze Untereinheit (V.1–2a) oder nur der unmittelbar vorausgehende V. 2a.

ihm paraphrasierten JHWH-Worte (Vv. 1–2). Es scheint, dass die JHWH-Worte, zwar durch Mose vermittelt werden, sich *expressis verbis* (לוֹ) an den Stamm Levi wandten. Doch die Frage der Adressaten lässt sich nicht so einfach lösen, da die Kommunikationssituation in der ganzen Passage, besonders wenn man sie in ihrem größeren Kontext betrachtet, etwas komplizierter ist.

Betrachtet man nämlich Dtn 4,44–5,1, d.h. die Überschrift zum zweiten Teil des Buches (Dtn 5–28),[194] so richtet sich die ganze Sektion an בְּנֵי יִשְׂרָאֵל. Dies deutet darauf hin, dass die dtn Tora, wie sie von Mose vorgetragen wird, alle "Söhne Israels" im Blick hat, auch wenn sie Themen behandelt, die nicht unbedingt das ganze Volk Israel betreffen.[195] Diese Dynamik zwischen der "Thematisierung" einer Vorschrift und ihrem "Adressieren" ist auch in Dtn 18,1–8 festzuhalten:[196]

"Adressieren":	"Thematisierung":
an Israel (vgl. Suffixe 2ps in Vv. 4.5.6):	V. 1: die Levitischen Priester – der ganze Stamm Levi → Pl.
	V. 2: Er (= der Stamm Levi) → Sg.
	V. 3:[197] das Volk und diejenigen, die Opfer darbringen → Pl. + er/man (vgl. וְנָתַן) → Sg.
	V. 4: Du → Sg. (also Israel)
	V. 5: Er und seine Söhne → Sg./Pl.
	V. 6–7: der Levit
	V. 8: Sie (= die Leviten) → Pl.

---

[194] Im Deuteronomium finden sich 22 Mosereden, die vom Erzähler des Buches mit Redeeinleitungen eingeleitet werden. In den vier Überschriften, so auch hier in 4,44–5,1, wird mehrfach erwähnt, dass Mose gesprochen hat. Vgl. BRAULIK – LOHFINK, *Sprache und literarische Gestalt des Buches Deuteronomium*, 361.

[195] Die Unterscheidung zwischen Thematisierung und Anrede ist in vielen anderen Gesetzen viel deutlicher. Das Königsgesetz (Dtn 17,14–20) thematisiert z. B. die Aufgaben und das Verhalten des Königs, betrifft also eher den König als das ganze Volk, aber richtet sich deutlich an Israel. S. die Einleitung des Gesetzes (V. 14).

[196] Die Frage, welche Person oder Personengruppe Dtn 18,1–8 thematisiert, wird durch das Subjekt der Verben entschieden.

[197] In Vv. 3–4 die oben eingeführte Differenzierung ist sehr klar. Zwar wird das Recht der Priester (הַכֹּהֲנִים מִשְׁפַּט) thematisiert, das Gesetz ist jedoch nicht an die Priester, sondern an das Volk und diejenigen, die Opfer darbringen, gerichtet. Es ist zu bemerken, dass das Gesetz auch bezüglich der Priester insofern "inkohärent" ist, als im selben Vers sowohl von כֹּהֲנִים (Pl.) als auch von כֹּהֵן (Sg.) die Rede ist.

Darüber hinaus ist nicht zu vergessen, dass sich die Gesetze in Dtn 12–26 auf die Zukunft beziehen.[198] Die dtn Gesetze sollen also nicht nur das Leben der Israeliten regeln, die Mose in Moab hören, sondern sie richten sich auch an eine "zukünftige Generation". In diesem Sinne richtet sich Dtn 18,1–8 nicht nur an die Israeliten überhaupt, sondern an alle einzelnen Personen und Personengruppen innerhalb Israels, die im Buch Deuteronomium thematisiert werden.

Die Adressaten von Dtn 18,1–8 lassen sich also in zwei Gruppen einteilen:
- das Volk Israel, das die von Mose vorgetragenen Gesetze in der erzählten Welt (vgl. Dtn 4,44; 5,1) hört; in Dtn 18,1–8 erscheint diese Gruppe explizit nur in V. 3;
- die zukünftige Generation, die direkt nicht angesprochen, sondern thematisiert wird, wie z. B. die Levitenpriester.

Diese zwei Gruppen der Adressaten bilden aber keine voneinander streng getrennten "Welten", die miteinander nichts zu tun haben, sondern sie sind in der Makro-Struktur des Buches fest miteinander verbunden. Denn am Ende des Buches, auf dem Berg Nebo, stirbt Mose (vgl. Dtn 34,1–5), d. h. in der Zeit des Inkrafttretens der dtn Gesetze (im Gelobten Land) kann er die Gesetze, die die Priester, die Leviten und das opfernde Volk betreffen, nicht mehr selbst vermitteln, sondern das dtn Volk von Moab, das innerhalb des Buches Deuteronomium der explizite "Adressat" der Moserede war, soll die Rolle des "Senders" übernehmen.[199]

---

[198] S. Dtn 12,1 und besonders 12,8–12.
[199] Auch die Kommunikationsstruktur des Gesetzeskorpus wird also im Rahmen der narrativen Texte verständlich. Zum Verhältnis und Zusammenhang von Erzählung und Recht vgl. H. P. NASUTI, "Identity, Identification, and Imitation", 9–23; MARKL, "Narrative Rechtshermeneutik als methodische Herausforderung des Pentateuch", 107–121; BARTOR, *Reading Law as Narrative*; ADAM – AVEMARIE –WAZANA (Hrsg.), *Law and Narrative in the Bible and in Neighbouring Ancient Cultures*; E. OTTO, "Recht in der Erzählung und Erzählung im Recht", 355–364.

Fazit. Die Vernetzung dieser komplexen Kommunikationsstruktur kann im folgenden Bild schematisiert werden:

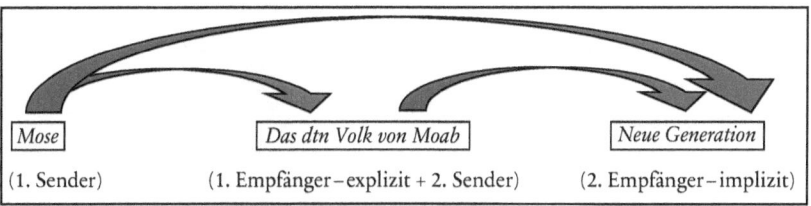

Mose	*Das dtn Volk von Moab*	*Neue Generation*
(1. Sender)	(1. Empfänger – explizit + 2. Sender)	(2. Empfänger – implizit)

1.3 Subjektwechsel: Die Levitischen Priester – der Stamm Levi, der Priester und der Levit

Die Adressaten jenseits der erzählten Zeit bilden keine homogene Gruppe, vielmehr ist, wie das erste Schema oben zeigt, die Rede von mehreren Personengruppen – Levitische Priester, Volk, Priester, Leviten. Dieses Phänomen wurde im Deuteronomium vor allem aus literarkritischem und redaktionsgeschichtlichem Interesse untersucht und synchron zuerst in den dtn Erzähltexten betrachtet.[200] Diese synchronen Studien weisen darauf hin, dass die "literarkritischen Uneinheitlichkeiten" oft kohärente und absichtliche Verknüpfungen bilden.

In der vorausgehenden synchronen Lektüre ist auch die vorliegende Studie zu dem Ergebnis gekommen, dass die Unterschiede bezüglich der Bezeichnung der Leviten nicht verschiedene priesterliche Gruppen voraussetzen, da alle Priester im Buch Deuteronomium als levitische Priester betrachtet werden. Die unterschiedliche Bezeichnung der Leviten hängt eher mit dem jeweiligen Inhalt einer Aussage zusammen. Denn wenn von "levitischen Priestern", "Priestern", "Stamm Levi" die Rede ist, konzentriert sich die Passage auf die priesterliche Funktion der Leviten, wenn aber nur

---

[200] Vgl. zur redaktionsgeschichtlichen Interpretation der Subjekt- und Numeruswechsel von Dtn 18,1-8: DAHMEN, *Leviten und Priester im Deuteronomium*, 263–320. Vgl. zur synchronen Analyse der Numeruswechsel im Deuteronomium zwei Beiträge bei N. LOHFINK, "Zum 'Numeruswechsel' in Dtn 3,21f"; "Die Stimmen in Deuteronomium 2", DERS., *Studien zum Deuteronomium und zur deuteronomischen Literatur IV* (SBAB 31; Stuttgart 2000) 35–45, 47–74.

von "Levit" gesprochen wird, setzt sich der betreffende Text mit dem sozialen Status der Leviten auseinander. Dieses Phänomen spiegelt sich im gesamten Buch Deuteronomium wider:

Inhalt des betroffenen Levitentextes	"Levitische Priester" – "Priester" – "Stamm Levi" – "Söhne Levis" – "Leviten (Pl.)"	"Levit (Sg.)"[201]
Sozialer Status der Leviten	————————————	Dtn 12,12.18.19; 14,27.29; 16,11.14; 26,11-13;
Priesterliche Funktion der Leviten	Dtn 10,8; 17,9.12.18; 19,17; 20,2; 21,5; 24,8; 26,3.4; 27,9.14; 31,9.25;	————————————

Diese "dtn Sprachregel" lässt sich auch in Dtn 18,1–8 erkennen und erläutert auch den in Dtn 18,1–8 festgestellten Subjektwechsel. In Vv. 1–5 wird von "levitischen Priestern", "dem Stamm Levi" und "den Priestern" gesprochen, die im Endtext die gleiche Gruppe bezeichnen, da die Leviten bezüglich ihrer priesterlichen Funktion betrachtet werden. Die Hauptfrage ist in diesen Versen, welche Entlohnung den Leviten für ihren priesterlichen Dienst zukommt. Die letzte Untereinheit, Vv. 6–8, bietet zwar manche Schwierigkeiten, lässt sich aber auch erklären. Die Schwierigkeit besteht darin, dass es in Vv. 6–8 zwar um den Dienst der Leviten am zentralen Heiligtum geht (vgl. V. 7), in V. 6 jedoch von einem "Levit" (Sg.), und nicht von einem levitischen Priester die Rede ist. Diese Abweichung von der dargelegten dtn Sprachregel lässt sich aber erklären, da die VV. 6–8, wie auch Dtn 12,12.18 u.a., sich hauptsächlich auf die materielle Unterstützung der Leviten konzentrieren (s. bes. die Apodosis in V. 8: חֵלֶק כְּחֵלֶק יֹאכֵלוּ). Vv. 6–8 betrachten zwar dieselbe Gruppe wie Vv. 1–5, sollen aber den Status der Leviten unter den anderen levitischen Mitbrüdern regeln und nicht etwa Hinweise bezüglich ihrer priesterlichen Funktion und ihrer Entlohnung geben.

Da Dtn 18,1–8 hier auf seine Pragmatik hin untersucht wird, stellt sich auch die Frage, ob dieser Subjektwechsel eine pragmatische Funktion hat? Meiner Ansicht nach ist das wohl möglich. Denn, wie aufgezeigt wurde, ist es sowohl im gesamten Deuteronomium als auch in Dtn 18,1–8 möglich festzustellen,

---

[201] "Levi" als Person (Dtn 10,9; 27,12; 33,8) wird in diesem Zusammenhang nicht betrachtet.

dass die verschiedenen Levitenbezeichnungen mit einem gewissen Inhalt, Sinngehalt verknüpft sind. Die Bezeichnungen weisen darauf hin, welche Konnotation beim "Empfänger" des Textes aufgerufen werden soll. Diese Textintention ist in der analysierten Passage sehr gut nachvollziehbar. In Vv. 1–2, in denen die "levitischen Priester" und der "Stamm Levi" als Subjekte auftreten, wird eine priesterliche Konnotation aufgerufen und auf Dtn 10,8 zurückverwiesen, in dem der Stamm Levi, die Leviten, das priesterliche Amt erhalten haben. Der Name weist also auf eine Geschichte hin und hat daher eine wichtige pragmatische Funktion.

Es wurde auch festgestellt, dass der Anspruch der Priester auf die "Entlohnung" nur im Zusammenhang mit ihrer priesterlichen Funktion verständlich ist, die bereits in den vorausgehenden Gesetzen (Dtn 16,18–17-20) dargelegt wurde. Wie das Schema oben zeigt, wird aber in diesen Gesetzen entweder von "levitischen Priestern" (Dtn 17,9.18) oder einfach vom "Priester, der dasteht, um Dienst zu verrichten" (Dtn 17,22) gesprochen. Die Bezeichnung "Priester" weist also auf diese Gesetze zurück und erinnert die Adressaten an die priesterlichen Funktionen der Leviten, die sie zu einer Entlohnung berechtigen.

Schließlich hat auch die Bezeichnung "Levit" (V. 6) eine pragmatische Funktion. Wie bereits erklärt wurde, versetzt diese Bezeichnung die letzte Untereinheit in einen anderen Zusammenhang. Denn der "Levit", der מֵאַחַד שְׁעָרֶיךָ kommt, weist deutlich auf die sozialen Gesetze hinsichtlich der Leviten (Dtn 12,12.18.19; 14,27.29; 16,11.14) zurück und ruft Konnotationen hinsichtlich seines sozialen Status auf. Die Bezeichnung "Levit" gibt den Adressaten also sozusagen den hermeneutischen Schlüssel, indem sie schon gleich zu Beginn des langen konditionalen Gefüges hervorhebt, dass das Ziel der letzten Untereinheit ist, für die Akzeptanz und die soziale Unterstützung der Leviten zu plädieren (vgl. die Apodosis, V. 8).

Fazit. Die unterschiedlichen Levitenbezeichnungen – möglicherweise das Ergebnis redaktioneller Arbeit, wie die entstehungsgeschichtlichen Studien nahelegen – sind keine zufälligen " Uneinheitlichkeiten". Denn die vorausgehenden Überlegungen legen nahe, dass jede Bezeichnung eine gewisse Wirkung auf die Adressaten anstrebt. Die verschiedenen Bezeichnungen rufen verschiedene Konnotationen und Sinngehalte bzw. vorausgehende Bezugstexte auf, die den Horizont für das Verständnis und die Rezeption des Textes öffnen.

2 Zusammenschau der Einzelprofile der Textkommunikation

Nachdem ein erstes Profil von Sender und Adressaten aufgrund der Textwelt skizziert wurde, wird die Studie sich nun mit der angestrebten Wirkung des analysierten Textes auf die Adressaten beschäftigen. Die folgende Analyse fasst zusammen, was innerhalb der empirischen Textdurchgänge (Kap. II) schon begründet wurde und wertet es systematisch unter pragmatischer Rücksicht aus.[202]

2.1 Pragmatik der Sprache

Textbeobachtungen
➤ *Sprachliche Charakteristika*   • Die Zweideutigkeit von נַחֲלָה: Erbbesitz JHWHs vs. Erbbesitz des Stammes Levi   • Spezielle und auffällige Opferterminologie: אִשֵּׁי; הַזֶּרַע; הַחַיִּים; הַקָּבָה; הָאָבוֹת עַל־מְכָרָיו   • JHWH = נַחֲלָה der levitischen Priester (Nominalsatz)   • Vv. 1–5: einfache Sätze; Vv. 6–8: komplexes konditionale Gefüge
➤ *Sprachliche Charakteristika im Vergleich zum Kontext*   • "Levitengesetz" als konstitutiver Bestandteil der Ämtergesetze (Dtn 16,18–18,22)   • Viele Verknüpfungen mit dem Prä-Kontext, in dem die "levitischen Priester" eine tragende Rolle haben, aber wenige Beziehungen zum Post-Kontext   • Sowohl das Thema als auch der Stil von Dtn 18,1–8 unterscheiden sich vom Kontext: Entlohnung vs. Funktion; viele kurze apodiktische Rechtssätze.
Ansatzpunkte für die weitere textpragmatische Überlegungen
• Die Sprache des Textes zielt vor allem darauf, Vorschriften hinsichtlich der Entlohnung der Levitischen Priester zu legitimieren; dazu wird eine typische "Opfersprache" in eine theologische Sprache stilisiert.   • Der Kontext legt nahe, die "levitischen Priester" als ein wichtiges "Amt" mit einem besonderen Charakter zu verstehen: Im Unterschied zum Richter- bzw. Königsgesetz bezieht sich die analysierte Passage eher auf die Entlohnung als auf die Darstellung von Funktionen (die Aufgaben der levitischen Priester sind in den vorhergehenden Gesetzen beschrieben.); daher bilden die vorausgehenden Gesetze "Vorbedingungen" für das Verständnis des Abschnitts.

Diese Bemerkungen heben folgende Aspekte bezüglich der Verfasser/Redaktoren bzw. der Adressaten von Dtn 18,1–8 hervor.

---

[202] Vgl. zu Vorgehen und Zielen der textpragmatischen Analyse Kap. I dieser Studie.

ZUSAMMENSCHAU DER EINZELPROFILE DER TEXTKOMMUNIKATION

Einerseits setzt die im Text herausgestellte typische Opfersprache solche Adressaten voraus, die mit dieser Opferterminologie vertraut waren. Es ist unmöglich anzunehmen, dass die Adressaten des Endtextes von V. 3 von den drei Opferteilen, die der Text den levitischen Priestern zukommen lässt, keine Ahnung hätten. Denn falls der Redaktor des Endtextes nichts mit dieser Terminologie anfangen konnte, hätte er sie ausgelassen oder durch eine andere Terminologie bzw. Opfertradition (wie z. B. jene der Priesterschrift) ersetzt. Dieselbe Bemerkung gilt auch für das problematische לְבַד מִמְכָּרָיו עַל־הָאָבוֹת in V. 8. Auch hier, falls der Sinn des Verses für die expliziten Adressaten des Endtextes nicht eindeutig gewesen wäre, hätte der letzte Redaktor z. B. mindestens einen erklärenden Nebensatz zugefügt.

Anderseits wird die Opferterminologie in Dtn 18,1–8 mit einer hoch theologischen Sprache verknüpft. Die vorausgehende Auslegung des Textes hat schon begründet, wie wichtig die theologischen Begründungssätze (Vv. 2.5) für die Textur der analysierten Passage sind. Die Tatsache, dass bei נַחֲלָה in Vv. 1–2 nicht eindeutig ist, ob es sich auf JHWH oder auf die levitischen Priester bezieht, zeigt die Mühe des Autors/Redaktors, der die Gesetze hinsichtlich der Entlohnung der levitischen Priester auch theologisch begründen wollte. Diese nicht eindeutigen und seltsamen Wendungen, wie נַחֲלָתוֹ יֹאכֵלוּן, אִשֵּׁי יְהוָה, legen die Intention der Verfasser/Redaktoren nahe. Sie versuchten wahrscheinlich eine schon existierende Opfertradition mit der engen Beziehung der levitischen Priester zu JHWH erklären und unterstützen, wo die Grenze zwischen נַחֲלָה und אִשֶּׁה JHWHs und jenen der levitischen Priester verschwommen sind.

Schließlich lassen sich auch aus dem Vergleich des Textes mit seinem Kontext einige textpragmatische Feststellungen erschließen. Die mehrfachen Verknüpfungen von Dtn 18,1–8 mit seinem Prä-Kontext lassen darauf schließen, dass die Adressaten des Textes schon den Inhalt der vorausgehenden Ämtergesetze kennen. In der Endgestalt von Dtn 16,18–18,8 scheint es sogar so zu sein, dass Dtn 18,1–8 eine "Antwort" auf die vorausgehenden Angaben über die Funktion und Aufgabe der levitischen Priester darstellt. Die Verknüpfungen mit dem Post-Kontext (Prophetengesetz) sind dagegen sehr gering. Denn nur die dtn Zentralisationsformel in V. 6 (אֶל־הַמָּקוֹם אֲשֶׁר־יִבְחַר יְהוָה) weist auf Dtn 18,9–22 voraus. Diese Position von Dtn 18,1–8 in seinem Kontext legt die Folgerung nahe, dass der Text die levitischen Priester eher in Verbindung mit dem Richteramt und der Toraauslegung als mit dem Prophetenamt darstellen will.

2.2 Pragmatik der Textoberfläche und der Texttiefenstruktur

Textbeobachtungen

➢ *Textoberfläche*
- Grammatikalisch und formkritisch betrachtet enthält Dtn 18,1–8 zwei Teile: Vv. 1–5 (positive und negative Befehle mit Begründungen; apodiktische Rechtssätze) + Vv. 6–8 (Konditionalgefüge; kasuistischer Rechtssatz).
- Inhaltlich und lexikalisch ergeben sich aber drei Untereinheiten: Vv. 1–2 (Levitische Priester); Vv. 3–5 (Priester); Vv. 6–8 (Leviten); V. 5 steht im Zentrum.

➢ *Texttiefenstruktur*
- Vv. 1–2: "Einleitung" des Levitengesetzes – Zusammenfassung der in Vv. 3–8 entfalteten Themen und ihrer theologischen Begründung;
- Vv. 3–5: "Priestertarif" + theologische Begründung;
- Vv. 6–8: "Illustration" mittels des Kasus eines Leviten.

Ansatzpunkte für weitere textpragmatische Überlegungen

- Das Gesetz ist klar strukturiert und bildet eine kompakte textliche Einheit, zu der sich die verschiedenen Untereinheiten sowohl syntaktisch als auch thematisch und lexikalisch gut verbinden.
- Die argumentative Kraft des Textes ist also erheblich, denn es werden nicht nur verschiedene Vorschriften vorgelegt, sondern die drei Untereinheiten entfalten einander und die diversen Aufforderungen unterstützen einander gegenseitig.
- Aus dem Text ergibt sich auch inhaltlich-thematisch eine beachtliche einheitliche Konstruktion: "Einleitung" (Vv. 1–2) + ihre Entfaltung (Vv. 3–5 + 6–8).
- Die "Einleitung" (Vv. 1–2) hat eine besondere Rolle, da sie gleich am Anfang sowohl thematisch als auch theologisch den "Rahmen" des Gesetzes bestimmt.
- Die zwei weiteren Untereinheiten entwickeln dann die Grundidee der "Einleitung", indem sie die Konsequenzen der priesterlichen Erbbesitzlosigkeit entfalten und dadurch die konkrete Verwirklichung der Erbbesitzlosigkeit darstellen.

Die Analyse hat gezeigt, dass der Text von Dtn 18,1–8 unter synchroner Rücksicht nicht so heterogen ist, wie redaktionsgeschichtliche Studien nahelegen. Die Textur des Endtextes von Dtn 18,1–8 erweist sich sowohl strukturell als auch inhaltlich als ziemlich einheitlich. Der Text legt die Vorschriften hinsichtlich der levitischen Priester in einer kompakt aufgebauten Form vor, wobei die Anordnungen (Prohibitive und Befehle) und die theologischen Argumente einander gegenseitig ergänzen und unterstützen.

Der Text wurde aufgrund der lexikalischen Verknüpfungen in drei Untereinheiten aufgeteilt und diese Aufteilung hat sich auch inhaltlich-thematisch als plausibel erwiesen. Es wurde bereits erläutert, welche pragmatische Funktion die drei Levitenbezeichnungen ("levitische Priester", "Priester", "Levit") ausüben. Deshalb wird dieser Aspekt der Struktur hier nicht nochmals erörtert. Es genügt, hier hinzuzufügen, dass der Text sich durch die dreifache Aufteilung mit jeweils einer Levitenbezeichnung zu Beginn als strukturell klar zeigt, und dadurch die Nachvollziehbarkeit der Vorschriften und ihrer Argumentation erleichtert wird.

Unter struktureller Rücksicht ist auch V. 5 zu betrachten. Dtn 18,1–8 bietet zwar keine konzentrische Struktur, da die drei Untereinheiten eher linear weitergeführt werden, V. 5 hat jedoch eine besondere Rolle in der *Dispositio* der analysierten Passage. Denn V. 5 bindet die zwei letzten Untereinheiten (Vv. 3–5 + 6–8) sowohl lexikalisch als auch inhaltlich-thematisch zusammen, indem er Vv. 3–4 abschließt und theologisch begründet und gleichzeitig auf Vv. 6–8 (bes. 6–7) vorausweist. In diesem Zusammenhang lässt sich unter struktureller Rücksicht V. 5 eine "zentrale" Funktion zuschreiben. Diese zentrale Stellung von V. 5 weist auch auf seine wichtige pragmatische Funktion hin. Da die Auserwählung der levitischen Priester zum Dienst JHWHs, um die es in V. 5 geht, im Zentrum steht, wird sie zum Kernmotiv des ganzen Abschnitts, auf das sich die Aufmerksamkeit der Adressaten konzentriert. V. 5 gewinnt diese Aufmerksamkeit nicht nur durch die zentrale Position im Abschnitt, sondern auch durch sein Vokabular und seinen Inhalt. Denn das Vokabular von V. 5 weist nicht bloß auf die nächsten Verse voraus, sondern vereint auch viele grundlegende Begriffe und Wendungen des Buches Deuteronomium: בָּחַר (31 Mal), יְהוָה אֱלֹהֶיךָ (235 Mal), כָּל־הַיָּמִים (11 Mal). Die Feierlichkeit des Verses ist auch durch die direkte Anrede in der 2. Person Sing. (אֱלֹהֶיךָ, שְׁבָטֶיךָ) und den sozusagen "eschatologischen Horizont" des Verses (כָּל־הַיָּמִים) hervorgehoben. Andererseits geht es in dem Vers thematisch um ein Handeln JHWHs (vgl. Dtn 10,8), das ebenfalls auf die Wichtigkeit des Verses verweist. Man kann also feststellen, dass dieser Vers durch seine zentrale Position, die der Autor/Redaktor mit den bereits erwähnten Mitteln erreicht, eine bemerkenswerte Wirkung auf die Adressaten anstrebt. Die Adressaten sind sozusagen "genötigt", die Erwählung der Leviten in vollem Einklang mit der Logik des ganzen Deuteronomiums zu betrachten. Durch das feierliche dtn Vokabular und den Hinweis auf ein Handeln JHWHs wird die Erwählung der Leviten zum Dienst JHWHs als "konstitutiver Bestandteil" der dtn Theologie vorgestellt. Es ist dazu noch zu bemerken, dass die vorausgehenden zwei Verse, die den Priestern verschiedene Opferteile zukommen lassen, durch V. 5 begründet werden (כִּי). V. 5 setzt also zukünftige Adressaten voraus, denen die Notwendigkeit und der theologische Sinn der Entlohnung der levitischen Priester nicht mehr einsichtig erscheint und daher mit einer alten Tradition der Erwählung der Leviten zum Priesterdienst durch JHWH begründet werden muss. Es handelt sich also um ein Gesetz für die Zukunft.

Was die Texttiefenstruktur/Dynamik anbelangt, hat die vorausgehende Analyse vor allem die Wichtigkeit bzw. Dynamik der Vv. 1–2 aufgezeigt, die als eine Art von "Einleitung" gezeigt wurde, deren Inhalt in Vv. 3–8 entfaltet und entwickelt wird. Nun stellt sich also die Frage nach der pragmatischen Funktion der "Einleitung" für den ganzen Abschnitt. Zunächst ist das Bemühen um Nachvollziehbarkeit und das Streben nach rhetorischer Klarheit zu erwähnen. Durch die Analyse des Textes ist deutlich geworden, dass der Text sich unter rhetorischer Rücksicht als präzise und gut argumentierend zeigt. Der Abschnitt bedient sich also der Vv. 1–2, um dieses rhetorische Ziel zu erreichen.

Unter pragmatischen Gesichtspunkten ist auch zu beachten, dass das Gesetz zwar die Stellung der Levitenpriester regelt, sich aber an das opfernde Volk, also an Israel wendet. Denn der Text fordert allererst nicht die Levitenpriester, sondern das Volk, d. h. die dtn "Opferherren", auf, um den Stamm Levi durch einige der JHWH dargebrachten Opferteile zu unterstützen. Vv. 1–2 und V. 5 spielen bei der Vermittlung dieser Botschaft eine wichtige Rolle. Durch den in diesen Versen enthaltenen Rückverweis auf die von JHWH angeordnete Erbbesitzlosigkeit wird auf den göttlichen Charakter dieses Gesetzes hingewiesen, das das Volk implizit zur Unterstützung der levitischen Priester auffordert.

2.3 Pragmatik des Textinhaltes

Textbeobachtungen

- Vv. 1–2: der "Erbbesitz" der levitischen Priester als Bestandteil der göttlichen Gesetzgebung – s. bereits oben
- Vv. 3–5: der Zusammenhang zwischen dem "Recht der Priester" (Vv. 3–4) und ihrer "Aufgaben" (Dtn 16,18–18,22); die Verknüpfung zwischen Vv. 2 und 5
- Vv. 6–8: der Dienst der Leviten am zentralen Heiligtum als Musterbeispiel der "Brüderlichkeit"

Ansatzpunkte für weitere textpragmatische Überlegungen
• Im Text haben Worte und Handeln JHWHs die wichtigste pragmatische Auswirkung auf die Adressaten: die Erbbesitzlosigkeit wird mit JHWHs Worten (V. 2), die Erwählung der Leviten mit dem Handeln JHWHs (V. 5) begründet.
• Die Adressaten des Gesetzes sollen Dtn 18,1–8 nicht als menschliche, priesterliche Aufforderung verstehen, sondern als Äußerung des göttlichen Willens.

In Dtn 18,1–8 geht der Verfasser/Redaktor ähnlich vor wie in Dtn 1,1–4,43, wo der Rückblick auf die vierzigjährige Wanderung vom Horeb nach Moab, d.h. auf die Worte und Taten JHWHs, in einer Paränese auf das Leben im verheißenen Land gipfelt (Dtn 4,1–40). Auch in Dtn 4,44–11,32 lässt sich diese Komplementarität zwischen JHWHs Worten und Taten in der Vergangenheit und der Paränese für die Zukunft feststellen. Mehr noch, Dtn 5–11 dient letztlich als "historische Legitimierung der Gesetzgebung am Horeb".[203] In diesem Zusammenhang ist es wahrscheinlich, dass auch Vv. 2b und 5, die sich auf eine vergangene Aktion JHWHs beziehen, ein ähnliches pragmatisches Ziel haben: Sie möchten mit der Vergangenheit die Zukunft legitimieren, d. h. durch eine vergangenen "Erzählung" wird das "Gesetz" bezüglich einer zukünftigen "Lebensweise" gerechtfertigt. Dieses Verfahren setzt aber Adressaten voraus, die mit der vergangenen "Erzählung" vertraut sind, denn sonst hätten V. 2b bzw. Vv. 1–2 ("Einleitung") und V. 5, die auf eine "vergangene Erzählung" zurückverweisen, keine argumentative Kraft. Die pragmatische Funktion dieser Verse zeigt also, dass die "Erzählung" (Dtn 10,8f, vielleicht Num 18,20) hinsichtlich der Erbbesitzlosigkeit und Erwählung der levitischen Priester die Voraussetzung, ja der "hermeneutische Schlüssel" für das Verständnis des Endtextes von Dtn 18,1–8 ist.

Schließlich ist auch die pragmatische Funktion von Vv. 6–8 zu betrachten, da sie bisher unter dieser Rücksicht noch nicht untersucht wurden. Die Auslegung des Textes hat aufgezeigt, dass die Grundidee dieser Verse in der Aufforderung zur "Brüderlichkeit" zwischen den verschiedenen Levitenklassen besteht. Es scheint, dass diese Verse nicht einfach eine neue Vorschrift vorlegen, sondern auch die Wirkung der vorausgehenden Verse modifizieren. Denn Vv. 6–8 legen nahe, dass der "väterliche" Privatbesitz (V. 8) gegenüber dem "brüderlichen" (V. 7) gemeinsamen Dienst keinen Vorzug hat.

---

[203] BRAULIK, "Das Buch Deuteronomium", 156.

Anders ausgedrückt, das "Brüder-Sein" übertrifft "den väterlichen Erbbesitz", der, wie herausgestellt wurde, ein wichtiger Bestandteil der "Volksidentität" ist. In diesem Zusammenhang haben Vv. 6–8 also die pragmatische Funktion, die Erbbesitzlosigkeit der levitischen Priester – die ja ein "Schwachpunkt" für die Identität der Leviten unter ihren "Brüdern" bedeutet – mit dem Kasus des Leviten in V. 6 zu erhellen. Denn der Kasus des Leviten unter seinen levitischen "Brüdern" stellt die "Miniaturversion" der Dynamik und der Logik der vorausgehenden Vorschriften dar, die von der Situation des Stammes Levi unter seinen "Brüdern", d. h. den anderen Stämmen, handeln. Kurzum: Die pragmatische Funktion der von dem Rest sowohl grammatikalisch als auch thematisch abweichenden Untereinheit (Vv. 6–8) besteht darin, die innere Logik und die impliziten Begründungsgrundlagen der vorausgehenden zwei Untereinheiten (Vv. 1–2 + 3–4) explizit widerzuspiegeln.

3 Metapragpragmatische Signale im weiteren Kontext

Im Folgenden soll der Frage nachgegangen werden, wie der weitere Kontext der Einzelgesetze in Dtn 12–26 die Wirkung des Levitengesetzes auf die Adressaten beeinflusst bzw. verändert. Es geht also nur implizit um Dtn 18,1–8, vielmehr werden die metapragmatischen Signale im weiteren Kontext erfasst.

3.1 Dtn 18,1–8 als Gesetze und Rechtsentscheide

Als metapragmatische Signale sind vor allem die vier "Überschriften" (Dtn 1,1; 4,44; 28,69; 33,1) und die rhetorischen Einleitungen (Dtn 6,1; 12,1) zu betrachten.[204] Für die vorliegende Untersuchung ist vor allem die "Überschrift"

---

[204] Zum Überschriftensystem vgl. BRAULIK – LOHFINK, *Sprache und literarische Gestalt des Buches Deuteronomium*, 361–382. Bezüglich ihrer strukturierenden Rolle ist festzuhalten, dass "die Endgestalt des Dtn mit den vier sogenannten Überschriften der Erzählstimme... zwar wichtige Textsignale bietet, die Zusammenhänge markieren, die weite Teile des Buches umfassen, ohne sich dabei aber einem Systemzwang zu unterwerfen, der das Buch in vier – noch dazu sehr ungleiche – Teile zerspalten würde" (MARKL, *Gottes Volk im Deuteronomium*, 24). Zu den rhetorischen Einleitungen in Dtn 6,1; 12,1 vgl. MARKL, *Gottes Volk im Deuteronomium*, 24–25. Zur Funktion von Dtn 12,1 vgl. auch N. LOHFINK, "Die *ḥuqqîm ûmišpāṭîm* im Buch Deuteronomium und ihre Neubegrenzung durch Dtn 12,1", in DERS. *Studien zum Deuteronomium und zur deuteronomischen Literatur II* (SBAB 12; Stuttgart 1991) 229–256.

in Dtn 4,44f. von großer Bedeutung,²⁰⁵ da sie die zweite Moserede (5,1–28,68) einleitet, die auch Dtn 18,1–8 enthält.

In der zweiten Überschrift bezeichnet Dtn 4,45 den Inhalt der von Mose vorgetragenen Horeburkunde²⁰⁶ als חקים ומשפטים ("Gesetze und Rechtssprüche"), mit einem für das Deuteronomium charakteristischen Doppelausdruck,²⁰⁷ der sowohl den ersten (5,1–11,32) als auch den zweiten Teil (12,1–26,16) der zweiten Moserede umrahmt. In diesem gut definierten Rahmen ist also die Bezeichnung חקים ומשפטים als metapragmatisches Signal für die Einzelgesetze in 12,1–26,16, einschließlich Dtn 18,1–8, zu betrachten.

Während die Rahmungsfunktion des Doppelausdrucks חקים ומשפטים und daher seine metatextuelle Funktion sich als plausibel erweist,²⁰⁸ lässt sich seine Grundbedeutung schwer erkennen.²⁰⁹ Die Hauptfrage ist, ob in dem Doppelausdruck חקים ומשפטים zwei verschiedene Typen von Rechtsformulierungen zu sehen sind²¹⁰ oder ob die beiden Wörter eine

---

²⁰⁵ Es ist hinsichtlich der Überschriften festzuhalten, dass "die differenzierte Gestaltung auf eine differenzierte Funktion dieser Passagen schließen" lässt (MARKL, *Gottes Volk im Deuteronomium*, 19).

²⁰⁶ "Die zweite Moserede, die mit der Überschrift in 4,44–49 beginnt, ist, wie sich erst später fast zufällig in 17,18 und dann offenbar bewusst in 28,58.61; 29,19.20.26 erweisen wird, nicht einfach freie Rede, sondern der Vortrag einer Urkunde, der Urkunde vom Horeb, die auch die des Moabbundes sein wird" (BRAULIK – LOHFINK, *Sprache und literarische Gestalt des Buches Deuteronomium*, 85).

²⁰⁷ "Er ist im Deuteronomium 14-mal belegt: 4,1.5.8.14; 4,45; 5,1.31; 6,1.20; 7,11; 11,32; 12,1; 26,16.17. Also 2 mal 7-mal. Das unterstreicht die Wichtigkeit des Ausdrucks. In keinem anderen Buch der Hebräischen Bibel wird für diesen Ausdruck diese Zahl von Vorkommen erreicht" (BRAULIK – LOHFINK, *Sprache und literarischer Gestalt des Buches Deuteronomium*, 104).

²⁰⁸ So LOHFINK, "Die *ḥuqqîm ûmišpāṭîm* im Buch Deuteronomium", 229: "Nur an diesen 4 Stellen [sc. Dtn 5,1; 11,32; 12,1; 26,16] steht er [sc. der Doppelausdruck חקים ומשפטים] in dem genannten Textkomplex isoliert. So kann kein Missverständnis über die rahmende Funktion der 4 Belege aufkommen".

²⁰⁹ LOHFINK, "Die *ḥuqqîm ûmišpāṭîm* im Buch Deuteronomium", 231–232: "Doch ist es noch niemandem gelungen, eine entsprechende These mit auch nur einigermaßen überzeugenden Argumenten – sei es von Etymologie und Bedeutung der beiden Wörter *ḥōq* und *mišpāṭ*, sei es von den Kontexten des pluralischen Doppelausdrucks her – zu begründen".

²¹⁰ Vgl. in dieser Linie z. B. R. HENTSCHKE, *Satzung und Setzender. Ein Beitrag zur israelitischen Rechtsterminologie* (BWANT 83; Stuttgart 1963) 73; G. LIEDKE, *Gestalt und Bezeichnung alttestamentlicher Rechtssätze. Eine formgeschichtlich-terminologische Studie* (WMANT 39; Neukirchen-Vluyn 1971) 200.

einzige rechtliche Bestimmung bezeichnen.²¹¹ Es ist zwar schwierig, eine Entscheidung mit aller Sicherheit zu treffen, die Belege dieses Doppelausdruckes im Buch Deuteronomium und im übrigen AT (Ex 15,25; Jos 24; 25; 1 Sam 30,25; Esr 7,10) legen jedoch die zweite Möglichkeit seiner Bedeutung nahe.²¹² In diesem Sinne bezeichnet also der Doppelausdruck eine solche Bestimmung, wobei das zweite Wort entweder als synonym oder als eine Näherbestimmung des ersten zu betrachten ist. Die Bedeutung von חקים ומשפטים im Deuteronomium fassen Braulik und Lohfink treffend zusammen:

> Das zweite Element des Doppelausdrucks lässt sich am ehesten als *qualifizierend* zum ersten verstehen. Man wird die Formulierung also so umschreiben müssen: Eine Verhaltensnorm oder eine Rechtsbestimmung (חק), und zwar (1) eine, die auf eine in einer noch offenen oder unklaren Situation getroffene Entscheidung einer Autorität zurückgeht (משפט) und bis auf den heutigen Tag in Israel gilt.²¹³

Dieser Aspekt kommt in vielen Vorschriften des dtn Gesetzeskodex zur Geltung, indem die Armen, die Witwen, die Fremden und auch die Leviten unter dem Schutz des dtn Rechtes, der Gerechtigkeit (משפט), stehen.²¹⁴

Der Doppelausdruck חקים ומשפטים ist in diesem Zusammenhang also nicht nur eine bloße Überschrift oder rhetorische Einleitung, die nur für die Gliederung des Buches von Bedeutung wäre. Er ist vielmehr als eine solche "juristische Angabe" zu verstehen, die sowohl den Inhalt (חק) als auch den besonderen Charakter (משפט) der Rechtsbestimmungen in Dtn 12–26

---

[211] Als solche sieht es etwa BRAULIK, *Deuteronomium 1–16,17*, 42; LOHFINK, "Die *ḥuqqîm ûmišpāṭîm* im Buch Deuteronomium", 232-233.

[212] Vgl. LOHFINK, "Die *ḥuqqîm ûmišpāṭîm* im Buch Deuteronomium", 232.

[213] BRAULIK – LOHFINK, *Sprache und literarische Gestalt des Buches Deuteronomium*, 105–106. חק leitet sich her vom Verb חקק, das in seiner Grundbedeutung "aushauen, einritzen, einzeichnen" bedeutet. Von daher kommt es dann zur Bedeutung "festsetzen oder bestimmen" (vgl. HALAT, 334); משפט ist vom Verb שפט abgeleitet, das "Recht sprechen, Recht schaffen" bedeutet (Vgl. HALAT, 1500).

[214] Darüber hinaus ist משפט auch in Dtn 18,1–8 als Ausdruck der Rechtsansprüche der Priester (V. 3) belegt. Dieser Ausdruck, der die in V. 3f enthaltene Vorschrift als משפט qualifiziert, lässt sich also im Zusammenhang mit dem großen Kontext der Endgestalt des Buches auch als ein expliziter Bezug auf den Doppelausdruck חקים ומשפטים verstehen. S. auch die Analyse von N. LOHFINK, "Das deuteronomische Gesetz in der Endgestalt", 205–218, die die Bedeutung des "Versorgungssystems" der dtn Gesetze aufzeigt.

definiert. So werden die Adressaten des Deuteronomiums durch den auch als metapragmatisches Signal zu verstehenden Doppelausdruck חקים ומשפטים daran erinnert, dass alle Einzelbestimmungen im Buch, einschließlich des Levitengesetzes in 18,1–8, als Gesetze (חקים) zu verstehen sind, die auf dem in Israel geltenden Recht (משפט) beruhen.

3.2 Dtn 18,1–8 als Tora

Die zweite Moserede wird vom Erzähler breit eingeleitet (4,44–5,1a), wobei der Inhalt der Rede, einschließlich des Gesetzeskorpus in Dtn 12–26, als חקים ומשפטים (4,45), sondern auch als תורה ("Tora/Weisung") bezeichnet wird (4,44): וְזֹאת הַתּוֹרָה אֲשֶׁר־שָׂם מֹשֶׁה לִפְנֵי בְּנֵי יִשְׂרָאֵל.[215] Die Charakterisierung der längsten Moserede als תורה scheint jedoch aus diachroner Sicht das Ergebnis einer späteren Redaktion zu sein. Dtn 4,44 wurde Dtn 4,45 vermutlich sekundär vorangestellt, um die Horeburkunde, die Mose den Israeliten vorlegt, nicht als bloße Sammlung von Satzungen, Gesetzen und Rechtsentscheiden (vgl. 4,45: אֵלֶּה הָעֵדֹת וְהַחֻקִּים וְהַמִּשְׁפָּטִים אֲשֶׁר דִּבֶּר מֹשֶׁה אֶל־בְּנֵי יִשְׂרָאֵל), sondern als neue Tora für die neue Generation zu kennzeichnen.[216] Diese Beobachtung schmälert jedoch nicht die Bedeutung von Dtn 4,44 für unsere Untersuchung. Denn die nachträgliche Einfügung dieses Verses in die frühere Vorlage zeigt, dass auch spätere Redaktoren der Tora in der Überschrift des zweiten Buchteils eine metapragmatische Funktion zuweisen und damit die Wahrnehmung der einzelnen Gesetze, wie z. B. Dtn 18,1–8, verändern wollten.

Die Tora, worauf sich die Überschrift in Dtn 4,44 bezieht, bezeichnet im Buch Deuteronomium die mosaische Auslegung der Sinaitora in Moab (Dtn 1,5) bzw. deren Niederschrift (Dtn 31,24), an jenem geschichtlichen Wendepunkt, an dem das Ostjordanland schon erobert, die volle Landnahme aber noch nicht erreicht ist. In diesem Zusammenhang bezeichnen die

---

[215] Über Dtn 4,44 hinaus gibt es eine große Menge von Stellen, an denen die dtn Gesetze als "Tora" bezeichnet werden: s. Dtn 1,5; 4,8; 17,11.18.19; 27,3.8;26; 28,58.61; 29,20.28; 30,10; 31,9.11.12.24.26; 32,46; 33,4.10.

[216] Vgl. OTTO, *Deuteronomium 1–11*, 645: "V. 45 ist mit V. 44 nicht nur nicht verbunden, sondern scheint ihn auch gar nicht zu kennen". S. auch BRAULIK – LOHFINK, *Sprache und literarische Gestalt des Buches Deuteronomium*, 105–106: "Es [*sc.* חקים ומשפטים] ist aber auch nicht die jüngste Bezeichnung. Denn in 4,44 ist תורה offenbar sekundär 4,45 vorangestellt worden. Das erklärt auch, warum nach 26,17 חקים ומשפטים niemals mehr vorkommt, während תורה von da an zum führenden Terminus wird (16 von 22 Belegen)".

חקים ומשפטים, wie der untersuchte Abschnitt, also mehr als eine bloße Reihe von Vorschriften, sie spiegeln vielmehr die Autorität des Mose und der Sinaitora, d. h. der göttlichen Offenbarung, wider. Diese dtn Tora hat einen einzigartigen Charakter. Normalerweise werden Gesetze, wenn sich die Umstände wandeln, fortgeschrieben, novelliert.[217] Die vielfachen Spuren von Aktualisierung und Novellierung lassen sich zwar auch im Deuteronomium beobachten, doch stellt die dtn Tora eine völlige Neukodifizierung dar. Denn mit dem deuteronomischen Gesetz (12–26) "setzt Israel ein zweites Mal an, den Willen seines Gottes in einem Rechtsbuch zu formulieren".[218]

Die dtn Gesetze stellen also eine "neue Tora" für eine "neue Generation" dar,[219] die auch viele neue theologische bzw. staatsorganisatorische Elemente enthält.[220] Bezüglich der Leviten kommt diese Novellierung dadurch zum Ausdruck, dass – wie auch diese Studie aufgezeigt hat – sie und die Priester ausdrücklich gleichgesetzt werden (vgl. "levitische Priester"). Die dtn Tora gesteht also jedem Leviten die vollen priesterlichen Rechte zu, aber "unterstellt" sie dem Volk.[221] In dieser neuen Ordnung spielen jedoch die levitischen Priester eine Hauptrolle, da sie im Buch Deuteronomium die "Bewahrer" und "Lehrer" der von Mose ausgelegten (Dtn 1,5) und niedergeschrieben (Dtn 31,21) dtn Tora geworden sind.

---

[217] Wie z. B. das Bundesbuch, wo die verwendeten älteren Quellen deutliche Spuren von Ergänzungen und Aktualisierungen aufweisen. Vgl. hierzu CRÜSEMANN, *Die Tora*, 138f; B. M. LEVINSON, *Deuteronomy and the Hermeneutics of Legal Innovation* (New York 1997).

[218] CRÜSEMANN, *Die Tora*, 235.

[219] Vgl. zur historischen Identität dieser neuen Generation die Beobachtungen von E. OTTO, "Tora für eine neue Generation in Dtn 4. Die hermeneutische Theologie des Numeruswechsels in Deuteronomium 4,1–40", *Deuteronomium – Tora für eine neue Generation* (Hrsg. D. MARKL – S. PAGANINI) (BZAR 17; Wiesbaden 2011) 118: "Die hermeneutische Konzeption des Deuteronomiums identifiziert die Zweite Generation in der erzählten Zeit des Moses mit den Adressaten des Deuteronomiums seit der nachexilischen Zeit als Erzählzeit. Dem von Mose angekündigten Unheil werde nur eine kleine Zahl eines Restes entrinnen können und überleben... so sind die Adressaten des Buches Deuteronomium der Rest der 'Zweiten Generation', die Adressaten des Deuteronomiums in nachexilischer Erzählzeit, die die Katastrophen schon hinter sich wissen".

[220] Vgl. CRÜSEMANN, *Die Tora*, 252f.

[221] Die Heiligkeit des Volkes wird im Gegensatz zum priesterlichen Hierarchiedenken durch "geradezu demokratische Institutionen" verwirklicht. Vgl. CRÜSEMANN, *Die Tora*, 416.

Dass es sich im Deuteronomium um eine mosaische Auslegung der Sinaitora im Land Moab handelt, setzt weiterhin voraus, dass die dtn Gesetze eine längere Vorgeschichte haben, die auf die göttliche Offenbarung am Sinai (im Deuteronomium Horeb) bzw. auf die Autorität des Mose zurückgeht. Das dtn Tora-Verständnis macht aber auch deutlich, dass es nicht nur um die Vergangenheit geht, sondern um eine Aktualisierung, um eine Novellierung des Gesetzes, ja um eine "neue Tora". In diesem Zusammenhang lassen sich auch die Neuheiten – z. B. eine völlig neue Darstellung der Leviten und Priester bzw. ihrer Aufgaben und ihrer Rechte wie in Dtn 18,1–8 – rechtfertigen. Die Tora-Bezeichnung für die dtn Gesetze verleiht ihnen also einen "hermeneutischen Rahmen", in dem ihre Wirkung und die entsprechende Rezeption einen völlig neuen Ansatzpunkt erhalten.

3.3 Dtn 18,1–8 als Bundesschlussbedingung

Die dtn Gesetze des Buches Deuteronomium, wie die untersuchte Perikope, erscheinen in der Erzähldynamik des Buches Deuteronomium als die Einzelbestimmungen eines Vertragsschlusses zwischen Gott und dem Volk,[222]

---

[222] Zu diesem Aspekt des Buches Deuteronomium vgl. J.-P. SONNET, *The Book within the Book. Writing in Deuteronomy* (Biblical Interpretation Series 14; Leiden 1997), bes. 41–83. BRAULIK, "Das Buch Deuteronomium", 158, fasst das Wesen und die Charakteristika eines Vertragsschlusses knapp zusammen: "Ein Vertrag ist im Gegensatz zu einem vorgeschriebenen Gesetz grundsätzlich bilateral, erfordert also trotz unterschiedlicher Abstufung des Verhältnisses eine Zustimmung, die sich im Vertragseid ausdrückt und auch die Konsequenzen von Vertragseinhaltung und Vertragsbruch übernimmt". Zum Vertragsschlusscharakter des Deuteronomiums und zu Gemeinsamkeiten mit dem altorientalischen Vertragsschluss vgl. H. U. STEYMANS, *Deuteronomium 28 und die* adê *Thronfolgeregelung Asarhaddons. Segen und Fluch im Alten Orient und Israel* (OBO 145; Freiburg 1995); C. KOCH, *Vertrag, Treueid und Bund. Studien zur Rezeption des altorientalischen Vertragsrechts im Deuteronomium und zur Ausbildung der Bundestheologie im Alten Testament* (BZAW 383; Berlin – New York 2008). Auch OTTO, *Deuteronomium 1,1–4,43*, 645–646, verweist auf den Vertragscharakter der Gesetzte. Otto legt aber die Bundestheologie im Deuteronomium anhand des neu-assyrischen Kontextes aus und versteht die Funktion des Doppelausdruckes *ḥuqqîm ûmišpāṭîm* von den akkadischen *adû/adê* (Gattungsbezeichnung der Loyalitätseide) her. Er interpretiert also *ḥuqqîm ûmišpāṭîm* im Deuteronomium in Zusammenhang mit עֵדֻת (Dtn 4,45 und 6,20) und nicht mit der "Tora" (Dtn 4,44), wie die vorliegende Studie den synchronen Überlegungen zufolge es nahelegt. Vgl. auch E. OTTO, *Das Deuteronomium. Politische Theologie und Rechtsreform in Juda und Assyrien* (BZAW 284; Berlin – New York 1999) 1–90.

der am Ende des Buches in Dtn 29–30 in Kraft tritt.[223] In Dtn 26,17–19 ist vermutlich schon der Ritus jenes Bundesschlusses angedeutet, der zwar nicht formell vollzogen, aber zur Sprache gebracht wird.[224] Diese Verse enthalten nämlich eine zweiteilige "Bundesformel": Israel bekennt sich zu JHWH als dem Gott des Volkes und verpflichtet sich zum Gehorsam gegenüber den dtn Gesetzen (V. 17), und JHWH bekennt sich zu Israel als seinem heiligen, aus allen Völkern erwählten Volk (Vv. 18–19).[225]

In diesem Zusammenhang bilden also die חקים ומשפטים, die in Dtn 12–26 vorgelegt wurden,[226] einschließlich des hier analysierten Gesetzes Dtn 18,1–8, die "Materie" des Bundesschlusses, worauf sich Israel verpflichtet. Die Gesetze und Rechtsvorschriften sind also in die Dynamik einer juristischen Bundeszeremonie einzusetzen und von dieser Dynamik her zu verstehen.[227] Die חקים ומשפטים des Deuteronomiums haben nicht nur den Anspruch, das Leben der verschiedenen Gruppen und Institutionen in Israel zu regeln, sondern sie treten als nötige Voraussetzungen für eine fruchtbare, juristisch begründete Beziehung zwischen JHWH und dem Volk auf.

Unter pragmatischer Rücksicht ist daher festzuhalten, dass auch der dargestellte Bundesschluss für die dtn Gesetze metapragmatische Funktion hat.

---

[223] Vgl. MARKL, *Gottes Volk im Deuteronomium*, 108f.
[224] BRAULIK – LOHFINK, *Sprache und literarische Gestalt des Buches Deuteronomium*, 83, bezeichnen Dtn 26,17–19 als "Protokoll des Bundesschlusses". MARKL, *Gottes Volk im Deuteronomium*, 109–116, betrachtet Dtn 26,16–28,68 als "Vorbereitung des Bundesschlusses". Vgl. *ebd.*, 109: "Auch wenn hier nicht ausdrücklich von einem 'Bund' (ברית) die Rede ist, lässt der Inhalt dieser von Mose referierten wechselseitigen Zusage keinen Zweifel daran, dass es sich um eine Bundesverpflichtung im Sinn der spezifisch biblischen Konzeption des Bundes zwischen Jhwh und seinem Volk handelt".
[225] Zu dieser sogenannten Bundesformel vgl. BRAULIK – LOHFINK, *Sprache und literarische Gestalt des Buches Deuteronomium*, 89–91.
[226] In Dtn 26,17 steht noch in der Mitte des Doppelausdrucks die synonyme Bezeichnung מִצְוֹת. Wahrscheinlich hat diese Triade (חֻקָּיו וּמִצְוֺתָיו וּמִשְׁפָּטָיו) eine strukturorganisatorische Funktion: während der Doppelausdruck חקים ומשפטים den vorausgehenden Teil, d. h. die Paränese und das Gesetzeskorpus rahmt, rahmt מִצְוֺת die nachgehenden Sektionen, den Segen (Dtn 28,1.13) und den Fluchabschnitt (Dtn 28,15.45). Vgl. BRAULIK, *Deuteronomium 16,18–34,12*, 198.
[227] Wie N. LOHFINK, "Bund als Vertrag in Deuteronomium", DERS., *Studien zum Deuteronomium und zur deuteronomischen Literatur IV* (SBAB 31; Stuttgart 2000) 285–309, zeigt, gibt es keine Stelle im Deuteronomium, in der das Verhältnis zwischen Gott und Israel als ברית bezeichnet wäre. ברית bezieht sich stets auf den rituell-juristischen Vorgang, durch den dieses Verhältnis zustande kommt, nicht auf das Verhältnis selbst.

Durch die Angabe, dass es sich im Deuteronomium um einen Bund zwischen JHWH und dem Volk handelt, wird die Wirkung und die Rezeption, d. h. die Pragmatik des dtn Gesetzeskorpus, einschließlich Dtn 18,1–8, wesentlich modifiziert: Einerseits tragen die Gesetze und ihre Einhaltung zum Zustandekommen des Bundes bei, anderseits gelten sie als "Bedingung" des Bundes mit JHWH.

Fazit. Es handelt sich in Dtn 18,1–8 um Rechtssätze, die eine komplexe Rechtsdynamik umfassen: (1) die Einzelbestimmungen (חקים) gelten zugleich als Rechtsnormen oder Rechtsentscheide (משפטים), d. h. sie sind normativ, da sie auf Recht und Gerechtigkeit beruhen; (2) sie bilden Teil der von Mose ausgelegten Tora, d. h. sie weisen auf die göttliche Offenbarung am Sinai und auf die Autorität des Mose hin; (3) und schließlich bilden sie konstituierende Einzelbestimmungen eines Bundesschlusses zwischen JHWH und Israel.

4 Die Beziehung der levitischen Priester zum dtn Gesetz

Schließlich wird das Levitengesetz in Bezug auf jene Passagen (Dtn 10,8–9; 17,18; 31,9–13; 33,10) analysiert, die auf die besondere Stellung der levitischen Priester hinsichtlich des dtn Gesetzes bzw. der dtn Tora hinweisen.

4.1 Dtn 10,8–9

Die erste Passage, in der die levitischen Priester die Bühne des Deuteronomiums betreten, ist Dtn 10,8–9, die am Schluss der Perikope Dtn 9,1–10,11 über die Rebellion am Gottesberg eingebettet ist.[228] Die ihr vorausgehenden Passagen führen allmählich das Thema der Aussonderung

---

[228] Dtn 10,8–9 erscheint in der dtn Erzählung als Novum, da von den Leviten vorher nicht gesprochen wurde. Zwei Bezugspunkte auf andere Texte des Pentateuch sind zu erwähnen: Ex 32,25–29; Num 18,20. BRAULIK, *Deuteronomium 1–16,17*, 83, bemerkt hinsichtlich dieser Texte: "Die Levitenglosse dürfte durch die Bemerkungen über die Lade in 1–5 veranlaßt worden sein, auf die sie ursprünglich folgte (anders Ex 32,25–29). Denn der Stamm Levi hat die 'die Bundeslade' zu tragen... Die Leviten haben deshalb das Recht, vom Tisch Jahwes zu leben... Es wird später in Num 18,20 Aaron zugesprochen, der dort nicht nur seine Familie, sondern alle Leviten repräsentiert". Zur detaillierten Analyse des Verhältnisses von Dtn 18,18 zu Ex 32 und Num 18 s. B. KILCHÖR, *Mosetora und Jahwetora. Das Verhältnis von Deuteronomium 12–26 zu Exodus, Levitikus und Numeri* (BZAR 21; Wiesbaden 2015) 215–219.

des Stammes Levi ein: Zunächst erzählt Dtn 10,1–5 die Anfertigung der neuen Tafeln und der Lade auf JHWHs Befehl hin, dann präsentiert Dtn 10,6–7 Eleasar, den Sohn Aarons, der nach dem Tod seines Vaters ihm in Amt nachfolgen kann.[229] Dtn 10,8–9 bindet dann diese zwei Themen (Lade für die Tafeln und Priesteramt) zusammen, indem die Leviten in V. 8 als "Träger der Lade des Bundes" (לָשֵׂאת אֶת־אֲרוֹן בְּרִית־יְהוָה) und "Priester" (לַעֲמֹד לִפְנֵי יְהוָה לְשָׁרְתוֹ וּלְבָרֵךְ בִּשְׁמוֹ) ausgesondert (aus den übrigen Stämmen: הִבְדִּיל) in die Szene eingeführt werden.[230] Darauffolgend wird dann in V. 9 die levitische Erbbesitzlosigkeit hervorgehoben.

Es ist wichtig festzuhalten, dass die Aussonderung der Leviten durch JHWH (V. 8) sich nicht direkt an Vv. 1–5 anschließt, sondern erst nach Vv. 6–7, die sich in der von Mose referierten Erzählung über die Bundeslade (Vv. 1–5; 8–9) als ein Einschub verstehen. Denn der Kontext legt nahe, dass die Leviten mit dem Tragen der Lade nach der Anfertigung der Lade (Vv. 1–5) betraut wurden, und nicht erst nach der Wanderung in der Wüste und dem Aarons Tod.

Es stellt sich also die Frage, warum die Auserwählung der Leviten trotz der logischen Inkohärenz der Erzählung als Konklusion (nach V. 7) und nicht als zweite Szene (nach V. 5) in die Passage Dtn 10,1–9 eingebaut wurde. Es lässt sich eine zweifache Antwort geben: Einerseits wird die Rolle der Leviten besser hervorgehoben, da ihre Auserwählung in der logischen Sequenz eine "isolierte Stellung" hat,[231] anderseits wird ihre Funktion nicht nur mit der Bundeslade verkoppelt, sondern auch mit dem Priesteramt. Falls die Aussonderung der Leviten direkt im Anschluss von Dtn 10,1–5 – wie die Fabel der Erzählung es voraussetzt – platziert wäre, dann wäre die Aussonderung der Leviten nur mit dem Tragen der Bundeslade verbunden gewesen. Da aber die Aussonderung der Leviten durch JHWH auf die Szene mit Eleasar, dem Nachfolger Aarons,

---

[229] Otto, *Deuteronomium 1,1–4,43*, 993, betrachtet diese Passage nicht als "Zeugnis einer mit Num 20,22–29 konkurrierenden Tradition von Aarons Tod", sondern als "ihre theologische Interpretation im Dienste der Zadokidenätiologie, die die Aaroniden gegenüber den Zadokiden in nachexilischer Zeit abwertet".

[230] "Sind die aaronidischen Zadokiden zum Priesteramt berufen, so fehlt eine derartige Aussage für die Leviten" (Otto, *Deuteronomium 1,1–4,43*, 993). Gegen Otto ist zu bemerken, dass die Formulierung oder die einzelnen Verben von Dtn 10,8b sowohl im Deuteronomium (vgl. Dtn 17,12; 18,5–8; 21,5) als auch im Pentateuch (Ex 28,35.43; 29,30; Lev 9,22; Num 4,44; Num 6,23) das priesterliche Amt bezeichnen.

[231] Vgl. von Rad, *Das fünfte Buch Mose*, 56.

folgt, wird ihre Funktion auch mit dem Priesteramt Eleasars verbunden bzw. ihm gegenüber- oder sogar gleichgestellt.

Meiner Ansicht nach lässt sich dieser Passage auch eine metapragmatische Funktion in Bezug auf Dtn 18,1–8 bzw. alle Levitentexte im dtn Gesetzeskorpus zuschreiben. Die erzählten Geschichten in der Einheit Dtn 9,1–10,11, wie die hier betrachtete Aussonderung der Leviten durch JHWH, lassen sich "nicht als am Horeb von JHWH Mose mitgeteilter... und von Mose 'heute' gebotener Gesetzestext [*sc.* wie Dtn 6,1 nahelegt] verstehen".[232] Vielmehr handelt es sich sowohl in dieser Einheit als auch im gesamten Text von Dtn 6–11 um "die Ausführungen des Mose" vor der eigentlichen Promulgation der dtn Gesetze (Dtn 12,1–26,16), die als "Motivation" zur Befolgung der dtn Gesetze dienen.[233] Dtn 10,8–9 ist also als ein programmatischer Text zu verstehen, der – wie in der Auslegung mehrmals angedeutet wurde – als Ansatzpunkt für die beiden theologischen Motivationen (Vv. 2.5) der Vorschriften von Dtn 18,1–8 dient. Dtn 10,8–9 ist somit als "Grundtext" für die dtn Levitenthematik zu betrachten, der die Aussagen der dtn Gesetze hinsichtlich der Leviten in einem Erzählrahmen motiviert. Wie durch die Untersuchung des Plots des Textes aufgezeigt wurde, steckt hinter der Erzählung der Aussonderung der Leviten das Ziel, die Leviten als eine JHWH bzw. seinem Gesetz nahe stehende Gruppe vorzustellen. Die Nähe zu JHWH folgt aus ihrer doppelten Funktion: Bundesladeträger und Priester (d. h. sie stehen vor JHWH, sie dienen ihm und segnen in seinem Namen).

Es stellt sich aber die Frage: Was für eine Wirkung hat das zentrale dtn Gesetz über die Leviten (Dtn 18,1–8), wenn sie als "Träger" des Gesetzes und "Diener" des Gesetzgebers (JHWH) erscheinen? Die Antwort ist klar. Die Levitenpriester erscheinen am Horizont der dtn Erzählung als die allein nach JHWHs Willen existierende Gruppe, deren einziges Ziel und Aufgabe das Tragen und die Bewahrung der den Gotteswillen symbolisierenden steinernen Tafeln ist. Diese programmatische Erzählung steckt also als Motivation hinter allen ihren Ansprüchen und Rechten. Von dieser Erzählung her lassen sich auch Dtn 18,1–8 bzw. die in ihm enthaltenen Ansprüche und Motivationen verstehen. Denn wenn die Leviten nicht ausgesondert wären, wie Dtn 10,8–9

---

[232] K. FINSTERBUSCH, *Das Deuteronomium. Eine Einführung* (UTB.Theologie; Göttingen 2012) 94.
[233] Vgl. FINSTERBUSCH, *Das Deuteronomium*, 94.

es darstellt, hätten die Leviten kein Recht, vor JHWH zu stehen und zu dienen bzw. vom Volk eine Entlohnung zu erhalten.

4.2 Dtn 17,18

Der andere wichtige Text, der sich mit der Beziehung der levitischen Priester zum Gesetz auseinandergesetzt, befindet sich im Gesetzeskorpus selbst. Es handelt sich um Dtn 17,18, wo deutlich wird, dass die levitischen Priester mit der Weitergabe und Vermittlung des dtn Gesetzes betraut sind. Wie Dtn 17,18 darstellt, haben die levitischen Priester die volle Autorität über die dtn Tora, und auch der König selbst soll sich an sie wenden, um aus ihren Händen die Tora in Abschrift zu empfangen: וְכָתַב לוֹ אֶת־מִשְׁנֵה הַתּוֹרָה הַזֹּאת עַל־סֵפֶר מִלִּפְנֵי הַכֹּהֲנִים הַלְוִיִּם.[234] Dass die Leviten die prominenten "Bewahrer" der dtn Tora sind, kommt auch in den anderen Gesetzen zum Ausdruck (Dtn 17,9; 21,5; 24,8). In diesen Gesetzen wird zwar die Verantwortung der levitischen Priester im rechtlichen Leben angesprochen, ihr priesterlicher Dienst am Zentralheiligtum ist jedoch ganz auf die Tora ausgerichtet.[235] In diesem Zusammenhang stellt also Dtn 17,18 den Höhepunkt dieser dtn Gesetze dar, da die in den anderen dtn Gesetzen implizit angedeutete enge Beziehung der Levitenpriester zur dtn Tora hier explizit ausgedrückt wird.

Dass die dtn Tora, deren Ur-Exemplar die Levitenpriester bewahren, im Zusammenhang mit dem König genannt wird, hat auch eine weitere gewichtige Bedeutung. Dass "der König eine Abschrift der Tora bei sich führen und 'ständig mit dem Grundgesetz unter dem Arm herumlaufen' soll, macht ... den verfassungsmäßigen Rang des Gesetzes offenkündig".[236] Die Tora ist demnach nicht nur eine liturgische Schrift, die in jedem siebten Jahr, am Laubhüttenfest, von den Levitenpriestern bzw. den Ältesten Israels vorgetragen wird (vgl. 31,9f), sondern sie wird durch Dtn 17,18f auch

---

[234] In Dtn 17,14–22 wird dem König in jeder Hinsicht und nicht nur bezüglich der dtn Tora "eine schwache Position zugemessen, die nicht zu vergleichen ist mit der der Israel umgebenden altorientalischen Großreiche, aber auch nicht mit dem in Israel und Juda real existierten habenden Königtum. Im Deuteronomium ist der König weder an der Legislative, der Judikative noch am Militärwesen beteiligt" (RÜTERSWÖRDEN, *Das Buch Deuteronomium*, 120).

[235] Vgl. BRAULIK, *Deuteronomium 16,18–34,12*, 122.

[236] CRÜSEMANN, *Die Tora*, 277. "Der König ist deshalb vor allem Musterisraelit" (BRAULIK, *Deuteronomium 16,18–34,12*, 129).

ins Zentrum des Staates gestellt und als staatliche Urkunde promulgiert. In diesem Zusammenhang war es den Verfassern/Redaktoren des Buches auch wichtig zu betonen, dass der König keine Autorität über das Gesetz hat und die dtn Tora nicht einmal ohne "levitische Kontrolle" in die Hände des Königs gegeben wird. Der König ist also in gewisser Weise von den levitischen Priestern abhängig, denn sie sind die "Bewahrer" der Horeburkunde, die Mose in Dtn 5–28 vorträgt.[237]

Nach dieser Darstellung der "Macht" der Levitenpriester ist es allerdings merkwürdig, dass gleich danach im Levitengesetz von ihrer sozialen "Schwachheit" die Rede ist. Allein JHWH ist ihr "Schützer", der ihnen dank ihrer Beziehung zu ihm unter ihren Brüdern seinen Anteil zuspricht.[238] Obwohl die Levitenpriester eine herausgehobene Position in der dtn Gesellschaft haben, hängt ihr Lebensunterhalt von Gott ab. Zwar erhalten sie ihn vom opfernden Volk, doch dieses Recht (Dtn 18,3) folgt nicht aus der sozialen Struktur Israels oder der Empathie des opfernden Volkes ihren armen Brüdern gegenüber, sondern allein aus dem Willen JHWHs, der seinen eigenen Anteil (= Opferteile) den Levitenpriestern zuspricht (vgl. Dtn 18,2). Es scheint also so zu sein, dass die Levitenpriester zwar die Bewahrer der dtn Tora sind und durch sie auch auf das Verhalten des Königs Einfluss haben, doch keine Privilegien vom König bekommen, ihr Leben sich vielmehr in der Spannung der Beziehung zwischen JHWH und dem Volk befindet.

4.3 Dtn 31,9f

Die programmatische Aussonderung der Leviten in Dtn 10,8–9 ist in engem Zusammenhang mit Dtn 31,9f. Denn dem göttlichen Auftrag vom Horeb, die Bundeslade mit den Tafeln zu tragen, entspricht der Auftrag des Mose in Moab, das in Dtn 31,9 niedergeschriebene "Torabuch" neben der Lade

---

[237] Vgl. BRAULIK – LOHFINK, *Sprache und literarische Gestalt des Buches Deuteronomium*, 83: "Es handelt sich beim Buchteil II des Deuteronomiums nicht um eine freie Rede, die Mose gehalten und erst nachher auch niedergeschrieben hätte, sondern um eine Urkunde bei einem Bundesschluss, für die Schriftlichkeit obligat war und die er bei seinem Vortrag, vor allem, wenn es sich um die offizielle Verlesung beim feierlichen Bundesschluss handelte, auch schon vor sich hatte".
[238] Vgl. Vv. 2.5, die auf Dtn 10,8f zurückverweisen.

aufzubewahren.²³⁹ Die Levitenpriester "tragen also nicht nur die Lade, sondern verwalten auch deren Inhalt".²⁴⁰

Es ist aber bemerkenswert, dass in Dtn 31,9 neben den levitischen Priestern auch die Ältesten Israels erscheinen. In diesem Zusammenhang sind es also diese zwei Gruppen, die die niedergeschriebene Tora verwalten. Am Laubhüttenfest sollen sie, die Priester und die Ältesten Israels gemeinsam, stets die dtn Tora vortragen.²⁴¹ Das Ziel der ständigen Neuproklamation der Tora besteht darin, Israel immer wieder an die religiösen Grundlagen seiner Existenz zu erinnern und gewissermaßen in seine Urbeziehung zu JHWH hineinzustellen.²⁴²

Es stellt sich aber die Frage, ob die levitischen Priester und die Ältesten Israels hinsichtlich des dtn Gesetzes die gleiche Funktion haben. Wenn man die beiden Gruppen im Horizont des weiteren Kontextes des Buches betrachtet, scheint die Antwort negativ ausfallen zu müssen. Zwar treten sie im Dienst an der Tora gemeinsam auf, unterscheiden sich aber in ihren Funktionen in der Endgestalt des Buches. Zunächst werden die Ältesten nicht beauftragt, die Lade mit den steinernen Tafeln des Gotteswillens zu tragen (vgl. Dtn 10,8). Ihre Aufgabe erstreckt sich ausschließlich auf den Empfang und die Verlesung des in Dtn 31,9 von Mose niedergeschriebenen Torabuches. Auch in Dtn 27,1.9 bilden die Ältesten Israels und die levitischen Priester zwei verschiedene Gruppen und vermitteln zwei verschiedene Botschaften. Ohne die Details der Auslegung von Dtn 27,1f hier darzustellen,²⁴³ lässt sich festhalten, dass

---

[239] Der Zusammenhang zwischen Dtn 10,8 und 31,9 ist offensichtlich, da die Lade im Deuteronomium nur in diesen beiden Versen zusammen mit den Leviten erwähnt wird.

[240] BRAULIK, *Deuteronomium 16,18–34,12*, 223.

[241] In Dtn 31,11 ist aber nicht deutlich, welche Gruppe, die Levitenpriester oder die Ältesten Israels, die Tora vortragen sollen. BRAULIK, *Deuteronomium 16,18–34,12*, 223, meint, dass das "Du" von V. 11 sich an beide Gruppen richtet. Diese Studie stimmt dieser Vermutung zu, da der Text keine begründete Entscheidung ermöglicht, weder für die Levitenpriester noch für die Ältesten Israels. Anders DAHMEN, *Leviten und Priester im Deuteronomium*, 142f.

[242] Vgl. hierzu SONNET, *The Book within the Book*, 143; vgl. auch BRAULIK, *Deuteronomium 16,18–34,12*, 223–224. S. auch RÜTERSWÖRDEN, *Das Buch Deuteronomium*, 186: "Das Deuteronomium ist zunächst Moserede, wird dann verschriftet, um alle sieben Jahre… öffentlich verlesen zu werden. Die Schrift wird wieder zum gesprochenen Wort, und sie dient hier als Speichermedium. Die Tora ist aber nicht mit einer ihrer verschrifteten Fassungen einfach identisch, sondern als Weisung richtet sie sich auf den Menschen".

[243] Vgl. hierzu BRAULIK, *Deuteronomium 16,18–34,12*, 199f; 223.

die Ältesten in der durch die dtn Erzählung gedeuteten Bundesinstitution den menschlichen Partner, die Levitenpriester den göttlichen repräsentieren. Dass die Levitenpriester die Vertreter JHWHs sind, ist nicht nur in der Dynamik von Dtn 27,1f zu sehen, sondern auch im bereits betrachteten Text von Dtn 10,8–9, in dem sie als "engste Mitarbeiter" JHWHs auftreten: Sie tragen die Bundeslade, sie stehen vor JHWH, sie sind seine Diener, und sie erteilen seinen Segen. Durch Dtn 31,9f wird diese ihre Funktion nochmals erweitert, indem ihnen neben der Bewahrung und dem Tragen der steinernen Tafeln des Horebbundes auch die Bewahrung der in Moab vorgelegten und verschrifteten und ins Gelobte Land zu tragenden Mosetora anvertraut wird. Letztlich scheint also die gesamte dtn Gesetzgebung in die Hände der Levitenpriester gelegt zu sein.

Unter pragmatischen Gesichtspunkten ist es jedoch eine Besonderheit, dass für die Interessen der Gesetzesbewahrer, der "Mitarbeiter JHWHs", die in jeder Hinsicht "neutral" sein sollten, das Gesetz selbst eintritt, wie es in Dtn 18,1–8 geschieht. In diesem Zusammenhang könnte also Dtn 18,1–8 eine negative Wirkung haben. Doch hat es sie nicht. Der Grund dafür liegt an den anderen Levitentexten, die analysiert wurden (Dtn 10,8f; 17,18). Wie aufgezeigt wurde, erscheinen nämlich die levitischen Priester im Endtext des gesamten Buches Deuteronomium als treue Diener JHWHs und treue Bewahrer der Tora, die weder vom König noch von der sozialen Struktur Israels abhängen (vgl. b), denn "JHWH selbst ist ihr Erbbesitz" (vgl. Dtn 18,2).

4.4 Dtn 33,9b-10

All dies kommt in Dtn 33,9b-10 zum Ausdruck, wo die Levitenpriester als Bewahrer des Bundes (שָׁמְרוּ אִמְרָתֶךָ וּבְרִיתְךָ יִנְצֹרוּ) und als Lehrer der Rechtsvorschriften und der Tora (יוֹרוּ מִשְׁפָּטֶיךָ לְיַעֲקֹב וְתוֹרָתְךָ לְיִשְׂרָאֵל) dargestellt werden. Hier, im Mosesegen (Dtn 33) wird also nochmals die tragende Rolle der Leviten hinsichtlich der dtn Tora und des Moabbundes hervorgehoben. Diese ihre vornehmliche Funktion wird auch begründet: "Sie haben auf das Wort JHWHs geachtet". Die Levitenpriester werden also als "Musterisraeliten" dargestellt, als "Musterhörer" der Worte JHWHs, d. h. hier des Buches Deuteronomium.

Das hat auch eine bestimmte Wirkung auf die Rezeption des in dieser Arbeit untersuchten Gesetzes bzw. des ganzen dtn Rechtskorpus. Die Levitenpriester treten nicht nur als "Träger", "Bewahrer" der steinernen

Tafeln des Bundes und der Tora, d. h. die "Vermittler" des dtn Gesetzes auf, sondern auch als "Hörer" des Deuteronomiums *par excellence*. Das spiegelt eigentlich die zwischen Dtn 18,1–5 und 18,6–8 aufgezeigte Dynamik wider, indem auch da die "Brüderlichkeit" unter den Stämmen Israels nicht nur promulgiert wurde (vgl. Vv. 1–5), sondern innerhalb des Stammes Levi auch erlebt (vgl. Vv. 6–8). Da die Levitenpriester - wie Dtn 31,9b zeigt - nicht nur Lehrer, sondern zugleich "Bewahrer" der dtn Tora sind, bleiben die dtn Gesetze nicht nur von den Levitenpriestern verkündete Vorschriften, sondern werden von ihnen vorgelebte Weisungen. Sicherlich modifiziert das auch im positiven Sinn die Rezeption der von den levitischen Priestern getragenen Gesetze, wie z. B. des hier analysierten Gesetzes, Dtn 18,1–8.

IV Konklusion

"Bücher sind nicht dazu da, daß man ihnen blind vertraut, sondern daß man sie einer Prüfung unterzieht. Wenn wir ein Buch zur Hand nehmen, dürfen wir uns nicht fragen, was es besagt, sondern was es besagen *will* – ein Gedanke, der für die alten Kommentatoren der Heiligen Schrift ganz selbstverständlich war".[244]

In dieser Aussage von William von Baskerville im Roman von Umberto Eco spiegeln sich der Ansatz und das Analysenverfahren der vorliegenden Studie wider. Denn der Text von Dtn 18,1–8 wurde nicht nur nach seinem Inhalt ("was er besagt"), sondern auch nach seiner Intention ("was er besagen will") befragt. Diese Untersuchung wurde in der Art einer "Detektivarbeit" durchgeführt. Ziel war es, anhand von Fakten, Spuren und Indizien die von den Verfassern/Redaktoren intendierte Wirkung und pragmatische Funktion des Levitengesetzes im Buch Deuteronomium herauszuarbeiten.

So wurden nach der Darstellung der Fragestellung und der Methode der Analyse (Kap. I) die "Textspuren", die "Textindizien" von Dtn 18,1–8 innerhalb einer synchronen Lektüre vorgelegt (Kap. II) und dann auf ihre Wirkung hin befragt, um die "Wahrheit" des Textes, d. h. seine "Intention" in der Vergangenheit zu rekonstruieren (Kap. III). Das dritte Kapitel hat also schon die Ergebnisse der vorausgehenden Untersuchungen zusammengefasst und unter pragmatischer Rücksicht entfaltet. Es bleibt also für diese Konklusion

---

[244] U. Eco, *Il nome della rosa* (Milano 1980) [= *Der Name der Rose* (übersetzt von B. Kroeber) (München ²⁵2001) 420].

nicht anderes, als die bereits vorgelegten pragmatischen Textbeobachtungen auszuwerten und das dementsprechende Fazit zu ziehen.

1 Pragmatik der Gesetzestexte

Als Hauptergebnis dieser Studie lässt sich die Beobachtung vorlegen, dass auch im Endtext der Gesetzestexte, wie das Beispiel von Dtn 18,1–8 zeigt, eine bestimmte Pragmatik zu erkennen ist. Diese Beobachtung könnte hinsichtlich eines narrativen oder poetischen Textes selbstverständlich sein, doch bei legislativen Texten wurde dieser Aspekt vernachlässigt (vgl. Kap. I).

Dass in dieser Studie von der pragmatischen Funktion des "Levitengesetzes" (Dtn 18,1–8), das auch in der jüngsten Forschung als "Mosaik" von zahlreichen Redaktionsschichten aus verschiedenen Epochen betrachtet wird, die Rede war, erweist sich also als ein neuer Gesichtspunkt. Während die entstehungsgeschichtlichen Arbeiten einen großen Teil von Dtn 18,1–8 als "sekundär" betrachten, vergisst man, dass ohne die "sekundären" Verse (wie in Dtn 18,1–8 z. B. Vv. 2.5) das Gesetz andere Pragmatik, andere Wirkung auf seine Adressaten hätten. Die vorliegende Studie hat aber eben auf diesen Aspekt des Textes aufmerksam gemacht, indem die pragmatische Funktion dieser "sekundären" Verse aufgezeigt wurde.

Es wurde auch hervorgehoben, dass Dtn 18,1–8 zwar verschiedene Untereinheiten enthält, doch sie sind eng miteinander verbunden und streben so "gemeinsam" eine Wirkung auf die Adressaten an. Im Endtext von Dtn 18,1–8 erscheint also unter pragmatischer Rücksicht kein "zufälliges", "sekundäres" Element, sondern jedes Wort, jeder Prohibitiv und jeder Begründungssatz findet seinen Ort, und durch die zahlreichen gegenseitigen Verknüpfungen zwischen den verschiedenen Elementen des Textes, d. h. durch den "Gesamttext", erreicht der implizite Autor die Wirkung auf seine Adressaten. Wie herausgestellt wurde, kommen zu dieser inneren Pragmatik auch metapragmatische Signale aus dem weiteren Kontext hinzu, die die im Text angelegte Adressatenwirkung unterstützen, untermauern bzw. modifizieren. Kurzum: Auch ein unter redaktionskritischer Rücksicht so "heterogener" legislativer Text wie Dtn 18,1–8 erweist sich unter pragmatischer Rücksicht als "konsistent", wo die verschiedenen Elemente einander ergänzen, um die gewünschte Wirkung zu erreichen.

2 Von der textinternen zur textexternen Pragmatik

Im dritten Kapitel wurde ein ganzer Abschnitt (§ 1) dem Thema der Identität der Sender und der Adressaten gewidmet. Zwar wurde hier auch der weitere Kontext berücksichtigt, die Analyse erstreckte sich aber ausschließlich auf die Textwelt (textintern). Die Untersuchung wurde aber fortgesetzt und dieses Defizit behoben, indem im darauffolgenden Abschnitt (§ 2) auch die textexterne Situation in den Blick genommen und mit der Analyse der im weiteren Kontext angelegten metapragmatischen Signale ergänzt wurde (§§ 3 und 4).

Nun sollen alle diese Beobachtungen aufgegriffen und anhand der herausgestellten Indizien hinsichtlich der textinternen und textexternen Pragmatik von Dtn 18,1–8 das Profil der impliziten Verfasser/Redakteuren bzw. Adressaten erhoben werden.

2.1 Textintern

Auf dieser Ebene wurde ein sehr komplexes Profil festgestellt. Einerseits ist zwar Mose als Sender von Dtn 18,1–8 innerhalb der Textwelt zu betrachten, doch kommt in V. 1–2 JHWH selbst zu Wort, wenn auch durch Mose paraphrasiert wird. Anderseits dürften die Adressaten von Dtn 18,1–8 das Volk (Vv. 3–5) und die levitischen Priester sein (Vv. 1–2 und 6–8). Die weitere Analyse bezüglich der Adressatenwirkung und der metapragmatischen Signale weist jedoch darauf hin, dass zwar die Levitenpriester im größten Teil des Gesetzes thematisiert werden, das Volk selbst aber der wahre Adressat des Gesetzes ist. Denn der Text, auch wenn von den Levitenpriestern die Rede ist, will eigentlich nicht das Verhalten der Levitenpriester regeln, sondern ihren Status darstellen, um das Verhalten und das Urteil des Volkes den Levitenpriestern gegenüber zu modifizieren. Die einzige Vorschrift des Gesetzes wird nämlich von Vv. 3–4, die das Volk ansprechen, gebildet, der Rest verweist entweder auf die vorausgehende Erzählung (Dtn 10,8–9) zurück (vgl. Vv. 1–2.5) oder stellt einen Kasus dar (Vv. 6–8), der eher eine Begründungs- als eine Vorschrift-Funktion hat. Freilich haben auch Vv. 6–8 eine präskriptive Nuancierung (vgl. *yiqtol*-Form in V. 8), sie lässt sich aber anhand des gesamten Gesetzes gut verstehen. Der Text legt nahe, dass die wegen ihrer Unterstützung und Annahme angeordnete "Brüderlichkeit" nicht nur die anderen Stämme verpflichtet, sondern auch den Stamm Levi selbst.

Es wurde auch noch festgestellt, dass die Identität der Sender und Adressaten, die aus der Textwelt von Dtn 18,1–8 erschlossen wurde, im weiteren Kontext des Buches Deuteronomium ein noch komplexeres Profil zeigt. Nach dem Tod Moses, der unter anderen auch als Sender von Dtn 18,1–8 anzusehen ist, treten die eigentlichen "Adressaten des Gesetzes" als "Sender" auf: einerseits das Volk, das dieses Gesetz auch an die nächste Generation weitergibt; anderseits die levitischen Priester, die in jedem siebten Jahr die mosaische Tora vortragen.

2.2 Textextern

Durch die Analyse der Pragmatik des Textes wurden dann mehrere Informationen über die Identität der Adressaten von Dtn 18,1–8 gewonnen. Diese Informationen beziehen sich aber nicht mehr auf die in der Textwelt (textintern) aufgetretenen Levitenpriester und das Volk, sondern auf textexterne Adressaten. Anhand der "pragmatischen Indizien/Spuren" im Text lässt sich dann folgendes Profil der impliziten Adressaten rekonstruieren:

(a) Die impliziten Adressaten sollen Gelegenheit gehabt haben, JHWH ein Opfer darzubringen. Darauf weisen Vv. 3–4 hin. Es wurde auch festgestellt, dass die Sprache und der Inhalt dieser Verse sich von den in der Hebräischen Bibel bekannten Opfertraditionen (z. B. jene der Priesterschrift) wesentlich unterscheiden und wahrscheinlich auf eine archaische Tradition zurückverweisen. Zwar legen diese Sprachindizien für die Datierung eine vorexilische Zeit nahe, doch ist es auch wohl möglich, dass es sich hier um eine archaisierende/künstliche Sprache handelt, mit der die Verfasser/Redaktoren einer späteren Periode an eine vergangene Zeit anknüpfen wollten. Das Ziel dieser Studie ist nicht, dazu eine Entscheidung zu treffen. Hier wird nur dafür plädiert, dass sowohl die Verfasser/Redaktoren als auch die Adressaten des Endtextes von Dtn 18,1–8 in der Lage gewesen sein müssen, diese archaisierende Sprache mindestens in größeren Zügen zu verstehen und zu deuten, da andernfalls der Text seine Wirkung verlöre.

(b) Die Begründungen der Anordnungen des Gesetzes verweisen auf die rahmenden Erzählungen über die Aussonderung der Leviten (Dtn 10,8–9) und auf die vorausgehenden Ämtergesetze über die Funktion der Levitenpriester (Dtn 16,18f) zurück. Ohne diese Erzählung und diese Gesetze sind die Rechtsansprüche der Levitenpriester nicht verständlich. Auch die metapragmatischen Signale im weiteren Kontext weisen darauf hin, dass die Botschaft und die Bedeutung des Textes ohne die anderen Levitentexte kaum verstehbar sind. Diese Indizien lassen also den Schluss zu, dass die Endgestalt von Dtn 18,1–8 teilweise auf den Levitentexten der das dtn Rechtskorpus rahmenden Kapitel (Dtn 12–26) beruht. Diese Beobachtungen setzen also Adressaten von Dtn 18,1–8 voraus, die entweder die Texte von Dtn 1–11 und 27–34 kannten oder mit der dort überlieferten Tradition vertraut waren.

(c) Dass die einzige tatsächlich neue Anordnung von Dtn 18,1–8, die Aufforderung zur Entlohnung der Levitenpriester, so solide untermauert und begründet wurde, zeigt, dass diese Vorschrift für die Verfasser/Redaktoren von großer Bedeutung war. Darüber hinaus ist anzumerken, dass diese Rechtsbestimmung für die Adressaten – das opfernde Volk – zumindest innerhalb der Textwelt nicht selbstverständlich zu sein scheint. Denn der Text weist darauf hin, dass es sich bei der Entlohnung der levitischen Priester nicht um eine in der Vergangenheit bereits etablierte Rechtsbestimmung handelt, sondern um ein Gesetz für die Zukunft, das nicht ohne weitere Begründung erwähnt werden kann. Die Verfasser/Redaktoren von Dtn 18,1–8 haben also die Bindung der Leviten an den Priesterdienst und ihren Anspruch auf Opfergaben sowohl theologisch (JHWH ist der Erwähler der Leviten) als auch emotional (Brüderlichkeit zwischen den Stämmen) sorgfältig begründet.

(d) Die pragmatische Kraft von Dtn 18,1–8 hängt grundsätzlich ab von der in Vv. 1–2 vor Augen gestellten Beziehung JHWHs zu den Levitenpriestern. Wie schon aufgezeigt wurde, erreicht der Text damit seine Wirkung; die Adressaten müssen also diese Texte/Traditionen gekannt haben. Darüber hinaus aber sollte dieses Argument schon auch an sich eine solche Wirkung haben, durch die die Verfasser/Redaktoren von Dtn 18,1–8 die gewünschte Wirkung erreichen konnten. Diese Beobachtung setzt also Adressaten voraus, die die Beziehung zu JHWH, die die Levitenpriester *par excellence* vorlebten, als effektive Begründung betrachtet haben.

Abschließend sei angemerkt, dass, auch wenn in den obigen Ausführungen nicht auf den möglichen historischen Kontext des Levitengesetzes eingegangen wurde, das hier vorgestellte Profil der Pragmatik und der impliziten Adressaten von Dtn 18,1–8 auch zu einem besseren Verständnis der Entstehung des Textes beitragen kann. In diesem Zusammenhang bietet die vorliegende synchron orientierte Arbeit eine Grundlage und Vorbereitung für weitere diachrone Studien.

Literaturverzeichnis

ABBA, R., "Priests and Levites in Deuteronomy", *VT* 27 (1977) 257–267.

ACHENBACH, R., "Levi/Leviten", *RGG*[4] V, 293–295.

—, "Levitische Priester und Leviten im Deuteronomium. Überlegungen zur sog. 'Levitisierung' des Priestertums", *ZAR* 5 (1999) 285–309.

ADAM, K.-P. – AVEMARIE, F. – WAZANA, N. (Hrsg.), *Law and Narrative in the Bible and in Neighbouring Ancient Cultures* (FAT.2 54; Tübingen 2012).

ALT, A., "Ursprünge des israelitischen Rechts", DERS., *Kleine Schriften zur Geschichte des Volkes Israel I* (München [4]1968) 278–332.

ALTMANN, P., "What Do the 'Levites in Your Gates' Have to Do with the 'Levitical Priests'? An Attempt at European-North American Dialogue on the Levites in the Deuteronomic Law Corpus", *Levites and Priests in Biblical History and Tradition* (Hrsg. M. A. LEUCHTER – J. M. HUTTON) (SBLAIL 9; Atlanta 2011) 135–154.

BARTOR, A., *Reading Law as Narrative. A Study in the Casuistic Laws of Pentateuch* (SBLAIL 5; Atlanta 2010).

BAUKS, M. – NIHAN, C. (Hrsg.), *Manuale di esegesi dell'Antico Testamento* (Bologna 2010).

BENTZEN, A., *Die josijanische Reform und ihre Voraussetzungen* (Kopenhagen 1926).

BODOR, A., "Struktur und Dynamik des Levitengesetzes. Deuteronomium 18,1–8", *Scribe, Doce, Praedica* (Hrsg. D. DIÓSI – L. BAKÓ) (Budapest 2022) 367–382.

BRAULIK, G., "Das Buch Deuteronomium", *Einleitung in das Alte Testament* (Hrsg. E. ZENGER u. a.) (KStTh 1/1; Stuttgart ⁸2012) 152–182.

———, *Deuteronomium 1–16,17* (NEB 15; Würzburg 1986).

———, *Deuteronomium 16,18–34,12* (NEB 28; Würzburg 1992).

———, "Die Abfolge der Gesetzte im Deuteronomium 12–26 und der Dekalog", *Das Deuteronomium. Entstehung, Gestalt und Botschaft* (Hrsg. N. LOHFINK) (BEThL 68; Leuven 1985) 252–272.

———, "Die Erwählung Israels im Buch Deuteronomium", *Dein Wort ist meinem Fuß eine Leuchte. Festschrift für Ludger Schwienhorst-Schönberger* (Hrsg. G. BRAULIK – A. SIQUANS – J.-H. TÜCK) (Freiburg 2022) 99–141.

BRAULIK, G. – LOHFINK, N., *Sprache und literarische Gestalt des Buches Deuteronomium. Beobachtungen und Studien* (ÖBS 53; Berlin 2021).

BRETTLER, M. Z., "A 'Literary Sermon' in Deuteronomy 4", *A Wise and Discerning Mind. Essays in Honor of Burke O. Long* (Hrsg. S. M. OLYAN – R. C. CULLEY) (BJSt 325; Providence, Rhode Island 2000) 33–55.

BRUEGGEMANN, W., *Deuteronomy* (AOTC; Nashville 2001).

CAZELLES, H., "Les milieux du Deutéronome", *Of Prophets' Visions and the Wisdom of Sages. Essays in Honour of R. Norman Whybray on His Seventieth Birthday* (Hrsg. H. A. MCKAY – D. J. A. CLINES) (JSOTSup 167; Sheffield 1993) 288–306.

CHILTON, B., "Recent and Prospective Discussion of Memra", *From Ancient Israel to Modern Judaism. Intellect in Quest of Understanding II* (Hrsg. J. NEUSNER – E. S. FRERICHS – N. M. SARNA) (BJSt 173; Atlanta 1989) 119–137.

CHRISTENSEN, D. L., *Deuteronomy* (WBC 6A; Dallas 1991).

CRAIGE, P. E., *The Book of Deuteronomy* (NICOT; Grand Rapids 1976).

CRÜSEMANN, F., *Die Tora. Theologie und Sozialgeschichte des alttestamentlichen Gesetzes* (München 1992).

DAHMEN, U., *Leviten und Priester im Deuteronomium. Literarkritische und redaktionsgeschichtliche Studien* (BBB 110; Weinheim 1996).

DÍEZ MACHO, A. (Hrsg.) *Targum Palestinense in Pentateuchum. Deuteronomium* (Biblia Polyglotta Matritensia 5; Madrid 1980).

DRAZIN, I., *Targum Onkelos to Deuteronomy. An English Translation of the Text with Analysis and Commentary* (New York 1982).

DUKE, R. K., "The Portion of the Levite: Another Reading of Deuteronomy 18:6–8", *JBL* 106 (1987) 193–201.

ECO, U., *Il nome della rosa* (Milano 1980) [= *Der Name der Rose* (übersetzt von B. KROEBER) (München ²⁵2001)].

ELLIGER, K. – RUDOLPH, W. (Hrsg.), *Biblia Hebraica Stuttgartensia* (Stuttgart ⁵1997).

EMERTON, J. A., "Priests and Levites in Deuteronomy", *VT* 12 (1962) 129–138.

FINSTERBUSCH, K., *Das Deuteronomium. Eine Einführung* (UTB.Theologie; Göttingen 2012).

FISHBANE, M., *Biblical Interpretation in Ancient Israel* (Oxford 1985).

FLESHER, P. W. M. – CHILTON, B., *The Targums. A Critical Introduction* (SAIS 12; Leiden – Boston 2011).

GERSTENBERGER, E., *Wesen und Herkunft des apodiktischen Rechts* (WMANT 20; Neukirchen-Vluyn 1965).

GESENIUS, W., *Hebräisches und Aramäisches Handwörterbuch über das Alte Testament* (Berlin – Heidelberg ¹⁸2007).

GESENIUS, W. – KAUTZSCH, E., *Hebräische Grammatik* (Leipzig ²⁸1909).

GIANTO, A., "Mood and Modality in Classical Hebrew", *IOS* 18 (1998) 183–198.

GRABBE, L. L., *Priests, Prophets, Diviners, Sages. A Socio-Historical Study of Religious Specialists in Ancient Israel* (Valley Forge 1995).

GUNNEWEG, H. J., *Leviten und Priester. Hauptlinien der Traditionsbildung und Geschichte des israelitisch-jüdischen Kultpersonals* (FRLANT 89; Göttingen 1965).

GZELLA, H. – FOLMER, M. L. (Hrsg.), *Aramaic in Its Historical and Linguistic Setting* (VOK 50; Wiesbaden 2008) 65–67.

HARDMEIER, C., *Texttheorie und biblische Exegese. Zur rhetorischen Funktion der Trauermetaphorik in der Prophetie* (BEvT 79; München 1978).

———, *Textwelten der Bibel entdecken. Grundlagen und Verfahren einer textpragmatischen Literaturwissenschaft der Bibel*, I-II (Textpragmatische Studien zur Literatur- und Kulturgeschichte der Hebräischen Bibel; Gütersloh 2004).

HARDMEIER, C. – HUNZIKER-RODEWALD, R., "Texttheorie und Texterschließung. Grundlagen einer empirisch-textpragmatischen

Exegese", *Lesarten der Bibel. Untersuchungen zu einer Theorie der Exegese des Alten Testaments* (Hrsg. H. UTZSCHNEIDER – E. BLUM) (Stuttgart 2006) 13–44.

HARTMANN, P., "Text als linguistisches Objekt", *Beiträge zur Textlinguistik* (Hrsg. W. D. STEMPEL) (München 1971) 9–29.

HENTSCHKE, B. R., *Satzung und Setzender. Ein Beitrag zur israelischen Rechtsterminologie* (BWANT 83; Stuttgart 1963).

HERTOG, C. DEN – LABAHN, A. – POLA, T., "Deuteronomion/Deuteronomium/ Das Fünfte Buch Mose", *Septuaginta Deutsch. Erläuterungen und Kommentare zum griechischen Alten Testament I* (Hrsg. M. KARRER – W. KRAUS) (Stuttgart 2011) 523–536.

HOLMSTEDT, R. D. – JONES, A. R., "The Pronoun in Tripartite Verbless Clauses in Biblical Hebrew: Resumption for Left-Dislocation or Pronominal Copula?", *JSSt* 59 (2014) 53–89.

HOPPE, L. J., "The *Levitical Origins* of Deuteronomy Reconsidered", *BR* 28 (1983) 27–36.

JOHNSON, B., "מִשְׁפָּט mišpāṭ", *ThWAT* V, 93–107.

JOOSTEN, J., *The Verbal System of Biblical Hebrew* (JBS 10; Jerusalem 2012).

JOÜON, P. – MURAOKA, T., *A Grammar of Biblical Hebrew* (SubBi 27; Roma ²2009).

KAUFMAN, S. A., "The Structure of the Deuteronomic Law", *Maarav* 1 (1978–1979) 105–158.

KILCHÖR, B., *Mosetora und Jahwetora. Das Verhältnis von Deuteronomium 12–26 zu Exodus, Levitikus und Numeri* (BZAR 21; Wiesbaden 2015).

KOCH, C., *Vertrag, Treueid und Bund. Studien zur Rezeption des altorientalischen Vertragsrechts im Deuteronomium und zur Ausbildung der Bundestheologie im Alten Testament* (BZAW 383; Berlin – New York 2008).

KOCH, K., *Was ist Formgeschichte? Methoden der Bibelexegese* (Neukirchen-Vluyn ⁵1989).

KOEHLER, L. – BAUMGARTNER, W., *Hebräisches und Aramäisches Lexikon zum Alten Testament* (Leiden ³1967–1996).

KRINETZKI, G., *Rechtsprechung und Amt im Deuteronomium. Zur Exegese der Gesetze Dtn 16,18–20; 17,8–18,22* (Frankfurt am Main 1994).

KUGLER, R., "Levi, Levites", *NIDB* III, 642–643.

———, "Priests and Levites", *NIDB* IV, 593–613.

LAMBDIN, T. O., *Introduction to Biblical Hebrew* (London 1973).

LEUCHTER, M., "'The Levite in Your Gates'. The Deuteronomic Redefinition of Levitical Authority", *JBL* 126 (2007) 417–436.

LEVINSON, B. M., *Deuteronomy and the Hermeneutics of Legal Innovation* (New York 1997).

———, "Reading the Bible in Nazi Germany: Gerhard von Rad's Attempt to Reclaim the Old Testament for the Church", *Interpretation* 62 (2008) 238–254.

LEVY, B. B., *Targum Neophiti 1. A Textual Study. Leviticus, Numbers, Deuteronomy* (SJ 2; Lanham – New York – London 1987).

LIEDKE, G., *Gestalt und Bezeichnung alttestamentlichen Rechtssätze. Eine formgeschichtlich-terminologische Studie* (WMANT 39; Neukirchen-Vluyn 1971).

LINDBLOM, J., *Erwägungen zur Herkunft der josijanischen Tempelurkunde* (Lund 1971).

LIPIŃSKI, "נַחֲלָה naḥᵃlāh", *ThWAT* V, 342–360.

LOHFINK, N., "Bund als Vertrag in Deuteronomium", DERS., *Studien zum Deuteronomium und zur deuteronomischen Literatur IV* (SBAB 31; Stuttgart 2000) 285–309 [= *ZAW* 107 (1995) 215–239].

———, "Das deuteronomische Gesetz in der Endgestalt – Entwurf einer Gesellschaft ohne marginale Gruppen", DERS., *Studien zum Deuteronomium und zur deuteronomischen Literatur III* (SBAB 20; Stuttgart 1995) 205–218 [= *BN* 51 (1990) 25–40].

———, "Die *ḥuqqîm ûmišpāṭîm* im Buch Deuteronomium und ihre Neubegrenzung durch Dtn 12,1", DERS. *Studien zum Deuteronomium und zur deuteronomischen Literatur II* (SBAB 12; Stuttgart 1991) 229–256 [= *Bib.* 70 (1989) 1–70].

———, "Die Sicherung des Gotteswortes durch das Prinzip der Schriftlichkeit der Tora und durch das Prinzip der Gewaltenteilung nach den Ämtergesetzen des Buches Deuteronomium", DERS., *Studien zum Deuteronomium und zur deuteronomischen Literatur I* (SBAB 8; Stuttgart 1989) 305–323 [= H. WOLTER (Hrsg.), *Testimonium Veritati. Festschrift Wilhelm Kempf* (FTS 7; Frankfurt 1971) 144–155].

———, "Die Stimmen in Deuteronomium 2", DERS., *Studien zum Deuteronomium und zur deuteronomischen Literatur IV* (SBAB 31; Stuttgart 2000) 47–74 [= *BZ* 37 (1993) 209–235].

———, "Prolegomena zu einer Rechtshermeneutik des Pentateuchs", DERS., *Studien zum Deuteronomium und zur deuteronomischen Literatur V* (SBAB 38; Stuttgart 2005) 181–231 [= G. BRAULIK (Hrsg.), *Das Deuteronomium* (ÖBS 23; Frankfurt am Main 2003) 11–55].

———, "Rezension zu U. Rüterswörden", *ThLZ* 113 (1988) 425–430.

———, "Zum 'Numeruswechsel' in Dtn 3,21f", DERS., *Studien zum Deuteronomium und zur deuteronomischen Literatur IV* (SBAB 31; Stuttgart 2000) 35–45 [= *BN* 49 (1989) 39–52].

LUNDBOM, J. R., *Deuteronomy. A Commentary* (Grand Rapids 2013).

MARKL, D., *Der Dekalog als Verfassung des Gottesvolkes. Die Brennpunkte einer Rechtshermeneutik des Pentateuch in Exodus 19–24 und Deuteronomium 5* (HBS 49; Freiburg im Breisgau 2007).

———, *Gottes Volk im Deuteronomium* (BZAR 18; Wiesbaden 2012).

———, "Narrative Rechtshermeneutik als methodische Herausforderung des Pentateuch", *ZAR* 11 (2005) 107–121.

MAYES, A. D. H., *Deuteronomy. Based on the Revised Standard Version* (NCBC; Grand Rapids 1981).

MCCARTHY, C. (Hrsg.), *Deuteronomy* (Biblia Hebraica Quinta 5; Stuttgart 2007).

MCCONVILLE, J. G., *Law and Theology in Deuteronomy* (JSOTSup 33; Sheffield 1984).

MILLER, P. D., *Deuteronomy* (Interpretation. A Biblical Commentary for Teaching and Preaching; Louisville 1990).

MORTENSEN, B. M., *The Priesthood in Targum Pseudo-Jonathan* (SAIS 4; Leiden – Boston 2006).

MURAOKA, T., *Emphatic Words and Structures in Biblical Hebrew* (Jerusalem – Leiden 1985).

NASUTI, H. P., "Identity, Identification, and Imitation. The Narrative Hermeneutics of Biblical Law", *JLR* 4 (1986) 9–23.

NELSON, R. D., *Deuteronomy. A Commentary* (OTL; Louisville – London 2002).

———, *Raising Up a Faithful Priest. Community and Priesthood in Biblical Theology* (Louisville 1993).

———, "The Role of the Priesthood in the Deuteronomistic History", *Congress Volume. Leuven 1989* (VTSup 43; Leiden 1991) 132–147.

NIELSEN, E., *Deuteronomium* (HAT 1/6; Tübingen 1995).

NÖLDEKE, T., *Syrische Grammatik* (Leipzig 1898).

OTTO, E., *Altorientalische und biblische Rechtsgeschichte. Gesammelte Studien* (BZAR 8; 2008).

———, *Das Deuteronomium. Politische Theologie und Rechtsreform in Juda und Assyrien* (BZAW 284; Berlin – New York 1999).

———, *Deuteronomium 1,1–4,43* (HThK.AT; Freiburg im Breisgau 2012).

———, *Deuteronomium 4,44–11,32* (HThK.AT; Freiburg im Breisgau 2012).

———, *Deuteronomium 12,1–23,15* (HThK.AT; Freiburg im Breisgau 2016).

———, "Die Dekaloge in der Rechtshermeneutik der Tora. Zu einem Buch von Dominik Markl SJ", *ZAR* 13 (2007) 277–283.

———, "Die post-deuteronomische Levitisierung des Deuteronomiums. Zu einem Buch von Ulrich Dahmen", *ZAR* 5 (1999) 277–284.

———, *Die Tora. Studien zum Pentateuch. Gesammelte Aufsätze* (BZAR 9; 2009).

———, *Gottes Recht als Menschenrecht. Rechts- und literaturhistorische Studien zum Deuteronomium* (BZAR 2; Wiesbaden 2002).

———, "Recht in der Erzählung und Erzählung im Recht. Neue Forschungen zu 'Recht und Erzählung/Law and Narrative' in altorientalischer und biblischer Literatur", *ZAR* 18 (2012) 355–364.

———, "Tora für eine neue Generation in Dtn 4. Die hermeneutische Theologie des Numeruswechsels in Deuteronomium 4,1–40", *Deuteronomium – Tora für eine neue Generation* (Hrsg. D. MARKL – S. PAGANINI) (BZAR 17; Wiesbaden 2011) 105–122.

———, "Von der Gerichtsordnung zum Verfassungsentwurf. Deuteronomische Gestaltung und Interpretation im 'Ämtergesetz' Dtn 16,18–18–22", *"Wer ist wie du, Herr, unter den Göttern?" Studien zur Theologie und Religionsgeschichte Israels. für Otto Kaiser zum 70. Geburtstag* (Hrsg. I. KOTTSIEPER u. a) (Göttingen 1994) 142–155.

OTZEN, B., "עמד 'āmaḏ", *ThWAT* VI, 194–220.

PAGANINI, S., *Deuteronomio. Nuova versione, introduzione e commento* (I libri biblici. Primo Testamento 5; Milano 2011).

PERLITT, L., "Der Staatsgedanke im Deuteronomium", *Language, Theology and the Bible. Essays in Honour of James Barr* (Hrsg. S. E. BALENTINE – J. BARTON) (Oxford 1994) 182–198.

QIMRON, E. (Hrsg.), *The Temple Scroll. A Critical Edition with Extensive Reconstruction* (Beer Sheva – Jerusalem 1996).

RABE, N., "Zur synchron definierten alttestamentlichen Textkritik", *BN* 52 (1990) 64–97.

RAD, G. VON, *Das fünfte Buch Mose. Deuteronomium* (ATD 8; Göttingen 1964).

———, *Deuteronomium-Studien* (FRLANT 40; Göttingen ²1948).

RAHLFS, A. – HANHART, R. (Hrsg.), *Septuaginta. Id est Vetus Testamentum graece iuxta LXX interpretes. Editio altera* (Stuttgart 2006).

RICHTER, W., *Exegese als Literaturwissenschaft. Entwurf einer alttestamentlichen Literaturtheorie und Methodologie* (Göttingen 1971).

ROSE, M., *5. Mose* (ZBK.AT 5.1; Zürich 1994).

RÜTERSWÖRDEN, U., *Das Buch Deuteronomium* (NSK.AT 4; Stuttgart 2006).

———, "Der *Verfassungsentwurf* des Deuteronomiums in der neueren Diskussion. Ein Überblick", *Altes Testament – Forschung und Wirkung. Festschrift für Henning Graf Reventlow* (Hrsg. P. MOMMER – W. THIEL) (Frankfurt am Main 1994) 313–328.

———, *Von der politischen Gemeinschaft zur Gemeinde*. Studien zu Dtn 16,18–18,22 (BBB 65; Frankfurt am Main 1987).

SAMUEL, H., *Von Priestern zum Patriarchen. Levi und die Leviten im Alten Testament* (BZAW 448; Berlin – Boston 2014).

SCHÄFER-LICHTENBERGER, C., "Der deuteronomische Verfassungsentwurf", *Bundesdokument und Gesetz. Studien zum Deuteronomium* (Hrsg. G. BRAULIK) (Freiburg 1995) 105–118.

SCHIFFMAN, L. H., "The Deuteronomic Paraphrase of the Temple Scroll", *RevQ* 15 (1992) 543–567.

SCHMIDT, S. J., *Texttheorie. Probleme einer Linguistik der sprachlichen Kommunikation* (UTB 202; München 1973).

SEEBASS, H., "בחר. II", *ThWAT* I, 593–608.

SEITZ, G., *Redaktionsgeschichtliche Studien zum Deuteronomium* (BWANT 93; Stuttgart 1971).

SKWERES, D. E., *Die Rückverweise im Buch Deuteronomium* (AnBib 79; Roma 1979).

SMEND, R., "Der Ort des Staates im Alten Testament", *ZThK* 80 (1983) 245–261.

SONNET, J.-P., *The Book within the Book. Writing in Deuteronomy* (Biblical Interpretation Series 14; Leiden 1997).

SPERBER, A. (Hrsg.), *The Pentateuch according to Targum Onqelos* (The Bible in Aramaic 1; Leiden – Boston ³2004).

STALNAKER, R. C., "Pragmatics", *Synthese* 22 (1970) 272–289.

STEYMANS, H. U., *Deuteronomium 28 und die adê zur Thronfolgeregelung Asarhaddons. Segen und Fluch im Alten Orient und Israel* (OBO 145; Freiburg 1995).

SWANSON, D. D., *The Temple Scroll and the Bible. The Methodology of 11QT* (STDJ 14; Leiden – New York – Köln 1995).

TAL, A. (Hrsg.), *The Samaritan Pentateuch. Edited according to Ms 6 (C) of the Shekhem Synagogue* (TSHLRS 7; Tel-Aviv 1994)

ULRICH, E. u. a. (Hrsg.), *Qumran Cave 4* (DJD 14; Oxford 1995).

UTZSCHNEIDER, H. – NITSCHE, S. A., *Arbeitsbuch literaturwissenschaftliche Bibelauslegung. Eine Methodenlehre zur Exegese des Alten Testaments* (Gütersloh 2001).

VLIET, W. M. VAN (Hrsg.), *Deuteronomy* (The Old Testament in Syriac according to the Peshiṭta Version I, 2; Leiden 1991).

WALTKE, B. K., – O'CONNOR, M., *An Introduction to Biblical Hebrew Syntax* (Winona Lake 1990).

WEBER, R. – GRYSON, R. (Hrsg.), *Biblia Sacra iuxta Vulgatam versionem* (Stuttgart ⁵2007).

WEINFELD, M., *Deuteronomy and the Deuteronomic School* (Oxford 1972).

WELLHAUSEN, J., *Prolegomena zur Geschichte Israels* (Berlin ⁵1899).

WEVERS, J. W. (Hrsg.), *Deuteronomium* (Septuaginta. Vetus Testamentum Graecum Auctoritate Academie Scientiarum Gottingensis editum III, 2; Göttingen1977).

———, *Notes on the Greek Text of Deuteronomy* (SBLSCS 39; Atlanta 1995).

———, *Text History of the Greek Deuteronomy* (AAWG.MSU 13; Göttingen 1978).

WUNDERLICH, D., "Textlinguistik", *Grundzüge der Literatur- und Sprachwissenschaft*, II (Hrsg. H. L. ARNOLD – V. SINEMUS), 386–397.

www.ingramcontent.com/pod-product-compliance
Lightning Source LLC
Chambersburg PA
CBHW020129010526
44115CB00008B/1035